大是文化

我的FIRE人生
用ETF
月領10萬

5 檔核心加 6 檔衛星 ETF，
最強月月配息且賺差價
祕訣大公開

暢銷書《配速持股法，我月領 10 萬》作者
阿福の投資馬拉松——著

三步驟打造
月月配息且賺價差
最強 ETF 組合

選 ETF：市場型、
高股息、債券型

- 以市場型 ETF 為首選，從中挑出低內扣成本者，例如：
  富邦台 50（006208）、元大台灣 50（0050）……。

- 再看配息頻率及月分，挑選高股息及債券型，例如：元大
  台灣高息低波（00713）、國泰永續高股息（00878）、
  元大美債 20 年（00679B）……組成月月配息組合。

5 指標
找買進時機

- 台股 ETF 要看景氣對策信號、技術指標 K 值；買美股則
  要看巴菲特指標、美國聯邦基金利率……。

與投資範圍涵蓋全球
的 ETF 比績效，輸了
就換掉

- 市場型及高股息與 Vanguard 全世界股市 ETF（VT）比
  年化報酬率。
- 債券型與 Vanguard 全世界債券 ETF（BNDW）比年化
  報酬率。

CONTENTS

推薦序一

存股永動機，人生注底氣　奶雞哥　009

推薦序二

用更簡單的投資方式，留時間做更有意義的事　雨果　013

推薦序三

謝謝阿福，讓我少走很多投資冤枉路　張尚倫　017

推薦序四

人人都能讀懂、馬上就能實作的 ETF 投資手冊　Marra　019

自序

降低個股比重，增加 ETF 數量　021

不用研究基本面的
理財法 029

01 股市波動難預測，ETF 卻挺住了 031

02 比買股簡單，費用比基金更低 045

03 ETF 特性：取得接近大盤指數的報酬 051

選股很燒腦，
ETF 只看 3 大類 057

01 市場型追蹤大盤，最適合新手 059

02 選定 3 檔高股息，月月領配息 073

03 債券型 ETF，平衡市場波動的避震器 087

04 臺灣投資人最愛的是…… 097

第3章

美股 ETF，
最快前進美國市場　101

01　馬上持有 4 騎士，投資最有感　103

02　美債績效較差，但股災時大豐收　111

03　投資海外 ETF 的兩種管道　117

第4章

5 大指標找買點，
半年報酬率 15%　127

01　市場型賺價差、高股息領月月配　129

02　看景氣對策信號進出場，藍燈買紅燈賣　139

03　巴菲特指標，買美股者必學　145

04　美國央行停止升息就買債券　149

05　技術指標 K 值和殖利率　151

06　用年化報酬率比績效　155

07　我的參考指標大公開　159

第5章　5 檔核心加 6 檔衛星，打造最強組合　163

01　5 檔核心賺價差，報酬率最高　165

02　6 檔衛星領股利，多一份被動收入　175

03　月月領萬元之配息月曆大公開　183

第6章　精算與紀律，鞏固 FIRE 人生　203

01　股票加債券，遇上股災心不驚　205

02　測風險、算績效，調整資產配置　215

03　出借 ETF 收利息，多賺一筆旅遊基金　223

04　勞工保險老年給付，幾歲領最划算？　227

05　心理因素造就 90% 的市場行情　237

後記　人生的長度天注定，人生的深度我決定　249

推薦序一

存股永動機，人生注底氣

理財型 IG 創作者／奶雞哥

　　各位讀者好，我是 IG「奶雞哥——怕以後買不起鹹酥雞＋奶茶 所以學投資——存股 價投」的版主，就如我的 IG 專頁名稱，因為怕以後的資產會少到連鹹酥雞和奶茶都買不起，所以決定認真學習投資理財。很榮幸能夠接到大是文化邀請我推薦這本《我的 FIRE 人生，用 ETF 月領 10 萬》，這也是我人生中第一次寫推薦序。

　　我一直在 IG 上與粉絲分享關於「存股永動機」的概念，因為我明白，擁有足夠的金錢背景，人生將會多一個選擇，不再被迫在一個不停內耗的環境中工作。所謂「存股永動機」，就是定期定額買進 ETF，等到累積足夠資金後，再同時投資多檔高股息的標的，就可以每月都有穩定的被動收入。而這就像本書作者阿福所提出的核心概念一樣，他同樣鼓勵我們積極達成月月領息的目標，成為自己人生的主人。

　　作為一個理財型創作者，我深知財務自由的重要性，以及實現這一目標所需的智慧和策略。這本書正是一個寶貴的指南，

它告訴我們如何用 ETF 來為我們的人生注入底氣，實現財務自由。書中的核心概念是用 ETF 享受 FIRE 人生，並提出「配速持股法」的投資策略，這種策略不僅適用於個股，也可以運用在 ETF 投資。

這個方法強調在標的價值被低估時加速買進，而在高估時則減速，並且長期持有資產，逐步累積財富。這種簡單可行的方法，將幫助大家實現每月領取可觀股息的目標，讓 FIRE 人生變得更加真實，不再是夢想。

這本書以台股 ETF 為主，美股 ETF 為輔，總共包含 6 個精彩章節，每一章都將為你揭示實現財務自由的關鍵。從為何選擇 ETF 作為主要投資工具開始，到解釋如何挑選標的、找到買進時機，其中第 5 章還有月月領息「月曆」，用多檔 ETF 的真實股價及股息數據，實際計算出**月領 1 萬元、5 萬元、10 萬元可以如何配置投資**，讓存股目標化，實行起來更有動力。

而最令人振奮的是，這本書不只為那些已經很熟悉金融理財領域，或有豐富投資經驗的人而寫，它同樣適合投資新手和小資族。如果對於股市一竅不通，或者只是剛開始積累投資經驗，這本書以輕鬆易懂的方式引導大家踏上投資之路，為未來打下堅實的基礎。

此外，如果是計畫退休的人，這本書也提供了非常實際的應用。面對第二人生，投資理財和夢想實現看似有所衝突，如何平衡甚至兼顧兩者，可能會讓人感到迷茫，但這本書有作者寶貴的

親身經驗作為指導，非常具有參考價值。

　　這本書是一個關於實現財務自由、樂享人生的寶庫，以簡單易懂的方式呈現，提供實用的工具和策略，無論各位的投資經驗如何，我相信這本書都能幫助大家實現財務目標，追求更自由、更充實的生活。希望各位能夠享受閱讀這本書，並開始精彩的 FIRE 之旅！

推薦序二
用更簡單的投資方式，
留時間做更有意義的事

《ETF 存股》系列作者／雨果

　　本書作者阿福跟我有很相似的投資經歷，他做短線投資了18 年，在眾多的小賺小賠後，結果只是平局一場，與我投入股市的前十年一樣，總結後發現完全沒有累積到財富。步入中年後考慮到退休問題，我們認真審視以往的投資績效，才意識到，過去的做法根本無法幫自己加速退休的時間，若想靠股市得到足以支撐第二人生的資金，勢必要調整投資方式。

　　許多人開始投資時，第一直覺就是買個股，至於要買哪一檔、為什麼可以買、怎麼知道股價會漲，常常只是聽從財經媒體的說法，或是親友的推薦，並沒有真正了解自己買了什麼。大概近五年，ETF 在臺灣越來越盛行，推廣的人越來越多，對於想買股票又不知道該買哪一檔、看不太懂金融資訊，或是生活中沒有什麼時間研究股市的人，ETF 可說是最適合的投資標的。

　　確定投資標的後，下一件事便是要釐清自己為什麼要投資？多數人對於投資其實沒有明確的目標，通常只是單純想多賺一些

錢，而這也常常是導致賠錢的原因。有清楚的目的，才會知道自己可以承擔多大的風險、需要持股多久、該用什麼方法，才能達到想要的結果。

說到風險問題，大部分的投資人都是選擇買進自己國家的股票，這個操作方法非常合情合理，畢竟是自己身處的環境，最熟悉、也能最快得知市場狀況。但如果想要降低投資風險，其實應該要擴大市場到其他國家，而美股就是最適合的選擇。買美股不只可以投資美國，還能夠藉由在美國推出的 ETF 投資其他國家的市場，將投資單一國家的風險分散到世界各地。

本書一開始從什麼是 ETF 切入，介紹了 ETF 的主要特性：低成本、分散市場、長期持有，且可以得到接近大盤的報酬，完整說明了投資 ETF 的優勢。接著介紹台股與美股的 ETF 類別，包括兩方市場中具代表性的市場型、高股息型及債券型標的；最後是阿福分享他持有的 5 檔適合賺價差的 ETF，與 6 檔適合領股息的 ETF，並且還教大家如何達成月領 10 萬元、5 萬元、1 萬元的 ETF 組合攻略。

財務自由後的投資資金該怎麼分配，阿福在書裡特別用一整個章節來說明，也介紹了政府的勞工保險老年給付與個人專戶退休金的制度，教大家如何試算出未來能領到多少退休金，只要妥善利用，相信可以幫大家減輕一些生活壓力。

很多人從職場退休後，只是整天坐在家裡看電視，剛開始可能覺得輕鬆愜意，但很快就會感到無聊。阿福在 48 歲退休，開

啟第二人生後，並沒有陷入這個窘境，反而很清楚自己接下來的人生目標——去環遊世界與做對社會有貢獻的事情，所以沒有選擇將時間用來更深入的研究股市，反而是找出一套更簡單的投資方式，將時間留給讓人生更有意義的事情上，即考取英語導遊與領隊執照，成為專業導遊。

　　這本書分享了阿福的投資心態與方式的轉變，還有對於財務自由後的退休生活規畫與想法，相信可以為大家帶來有價值的觀點。

推薦序三

謝謝阿福，
讓我少走很多投資冤枉路

觀光導遊協會理事／張尚倫

　　與阿福的相識，是透過觀光導遊協會主辦的「導遊人員職前訓練課程」結下的緣。當時我是課程老師，阿福擔任學員長，在臺下學員一雙雙熱切的眼神中，他認真求知的專注神情，讓我留下非常深刻的印象。

　　在後續的聯繫中得知，原來阿福還是一位投資高手。某一次我受邀參加他的理財課程，在這場課程中，我發現自己過去在投資上有不少盲點，對於該如何在適當的買點進場，也有了更清晰的概念。課後還持續請教他許多問題，對於我未來的理財規畫有更明確的幫助。

　　事實上，人生最大的投資，就是透過不斷學習，投資自己。而好的老師會給予正確的觀念，不只是提供標的而已。阿福的方法可貴在於，每一個新手都能輕鬆上手，而且他不僅針對單一個股審慎分析，更會全面性的告訴大家，如何運用有限的資金，做出最好的選擇。他更強調，資金投入的比重，全看個人的風險承

擔能力，與年紀並無絕對的關係。

　　透過《我的 FIRE 人生，用 ETF 月領 10 萬》這本書，可以看出阿福不藏私的分享，而 ETF 更是適合新手的好選擇。我極力建議大家，學習阿福的投資心法，可以少走很多冤枉路，這樣才能更快速的邁向財富自由的幸福人生。

推薦序四

人人都能讀懂、馬上就能實作的 ETF 投資手冊

IG「好好理財」主編／Marra

在這個資訊爆炸的時代，知識無處不在，但要將知識轉化為行動，卻是一項極具挑戰性的任務。《我的 FIRE 人生，用 ETF 月領 10 萬》少見的把複雜的投資知識變得很好上手，是一本人人都能讀懂，看完馬上就知道怎麼做的投資手冊。

我在理財領域打滾了 7 年，同時經營 IG「好好理財」，擁有超過 23 萬追蹤者。我曾回答過上千位網友的各種問題，從如何入門 ETF，到如何踏出理財的第一步，我都有自己的見解。此外，我還開發了一款名為「ETF 精選神器」的財經應用程式，上線僅一個月，已經幫助超過 7 萬人深入了解 ETF 的神奇之處。

年輕投資族群對 ETF 充滿好奇，也存在許多問題和誤解，我經常被問到：「怎麼開始投資？」我的答案總是簡單明瞭——ETF。我還會建議對方閱讀約翰・柏格（John Bogle）的 *Common Sense On Mutual Funds*（中文書名《共同基金必勝法則》），但現在可以閱讀本書就好。

我的 FIRE 人生，用 ETF 月領 10 萬

　　書中以極富啟發性且容易理解的方式，結合數據分析和實戰操作，比如選擇 ETF 時只需要關注市場型、高股息及債券型；將市場型 ETF 作為核心投資，再搭配高股息跟債券型，就能同時實現資產增長和每月現金流。這些例子適合對 ETF 感興趣的讀者，對時間有限的人來說也非常實用。

　　我非常認同書中強調以退休作為投資分水嶺，具增長潛力的市場型 ETF，適合退休前持有，追求最大報酬；而成長動能相對較低的高股息 ETF，則適合退休人士，可讓股息成為退休後的「薪水」。

　　本書還有一個很棒的地方，就是詳細介紹了臺灣現有 ETF 標的，且教大家選擇追蹤相同指數的 ETF 時，內扣費用低者長期投資可以節省成本。此外，還分享如何透過不同的配置，實現每月配息，並避免被扣除二代健保費用。這些不僅是理論，也是實務，非常適合新手投資者。

　　這本書特別適合三大族群，首先是新手小白，從選 ETF、何時買進或賣出，到評估指標，書中都清楚列示，一目瞭然。其次是已經投資 ETF 但希望增加報酬率的人，阿福分享的核心股和衛星股配置策略，能有效在市場波動時控制風險，並獲得穩定現金流。最後是即將退休的人，藉由阿福提供的投資組合，能幫助大家實現月月領股息的目標。我非常推薦所有尋求更深入理解 ETF，並期望投資成功的人閱讀本書，阿福的用心和專業知識處處可見，本書將成為你在投資中的得力助手。

自序

降低個股比重，增加 ETF 數量

　　歡迎你在眾多投資理財書籍之中打開這本書。

　　我是「阿福の投資馬拉松」專欄作者。48 歲那一年，我從 IBM 專案經理職位上提早退休，開啟自己的第二人生。

　　我的投資經歷早在研究所畢業後沒多久就開始，由於在外商的工作很忙，幾乎沒有時間研究股票，加上聽過太多投資失敗的例子，所以當時不敢投入太多資金，只以小額進出，做短線、賺價差。這樣操作了 18 年，有小賺、也有小賠過，總結下來可以說是平局。

　　一直到 2015 年我 43 歲那一年，感覺自己已步入中年，應該認真考慮退休問題，我開始反省自己：投資股市這麼久，結果竟是白忙一場，問題到底出在哪裡？於是大量閱讀大師的書籍，包括價值投資的三大經典：美國經濟學家班傑明・葛拉漢（Benjamin Graham）所著的《智慧型股票投資人》（*The Intelligent Investor*）、成長股價值投資之父菲利普・費雪（Philip A. Fisher）的《非常潛力股》（*Common Stocks and Uncommon Profits and Other Writings*），以及《巴菲特寫給股東的信》（*The*

Essays of Warren Buffett）；還有被動投資必讀、由「指數型基金之父」約翰‧柏格所著的《約翰柏格投資常識》（*The Little Book of Common Sense Investing*）。在閱讀的過程中我發現，相較於投資單一個股，分散投資、交易及管理費用相對較低，且長期持有就可以獲利的 ETF，更適合正在進行退休規畫的我。

我從 40 歲開始跑馬拉松，曾經挑戰全程馬拉松成功。我發現，投資和跑馬拉松的心法是相通的，短線衝刺只會耗損體力（資金），無法撐到完賽（獲利），但是只要跟著馬拉松場上的配速員調節速度（買進或賣出），就能準時抵達終點。於是我嘗試將這套心法應用於投資上，慢慢形成自己的「配速持股」投資哲學，並以「阿福の投資馬拉松」為名，在臉書分享自己在投資馬拉松路上的心得，同時出版我的第一本書《配速持股法，我月領 10 萬》（大是文化出版）。

這段時間裡，我用「配速持股法」不斷加大資金投入、累積資產，並鎖定元大台灣 50（0050，全名「元大台灣卓越 50 基金」）和元大高股息（0056，全名「元大台灣高股息基金」）這兩支 ETF 作為投資的配速員，與我的投資組合持股比績效，贏的留下來，輸的下次換掉。到 2020 年時，我的股票總資產市值達到了 2,000 萬元，每年股息收入和價差獲利的總和，可月領 10 萬元，這個數字已經可以支應全家的日常生活所需，讓我達成財富自由，便決定提早退休，開啟第二人生。

人生新目標：完成環遊世界的夢想

　　當生活少了正職工作，每天突然多出七、八個小時後，很多朋友其實不知道要做什麼。我的經驗是走出原本熟悉的環境，去看看不同地方的人、事、物，一旦有「觸電」的感覺，就趕緊寫下想做的事情，建構自己的「夢想清單」。因此退休之後，雖然不再每天匆匆忙忙，但我也沒有閒下來，繼續忙著做自己想做的事，日子過得穩定且精彩。

　　我的第二人生有兩大目標，第一是環遊世界旅行，第二是做對社會有貢獻的事，如果能有一件事情同時結合兩個目標，更好。因此，退休後，我考取了英語導遊及英語領隊執照，希望藉由帶領外國遊客遊覽臺灣，既能做好國民外交，自己也可以重新認識臺灣。

　　雖然之後的新冠肺炎疫情為觀光旅遊業按下暫停鍵，沒有任何外國觀光團客來臺，但這段時間我也沒有停下學習腳步，繼續參加艋舺龍山寺史蹟導覽培訓課程，並通過考核成為古蹟導覽志工。這是無償服務，但能貢獻自己一份心力，這樣的生活讓我覺得很充實又開心。

　　身為苗栗縣苑裡鎮的農家子弟，我還有個使命感，就是想引領大家深度體驗臺灣的休閒農業，所以我又參加了由行政院農業部指導、台灣休閒農業發展協會認證的農遊大使培訓課程，從埔里鎮的百香果園、筊白筍田，到花蓮的漁場，這些農業生活的美好，讓我好驚豔，更想要帶領大家一起感受。

疫情趨緩之後，全世界都恢復了旅遊的熱潮，我開始陸續帶團（帶外國旅客遊臺灣，也帶臺灣旅行團出國），也計畫帶家人出國旅遊，現在最新的人生目標，便是希望在 50 歲至 60 歲的 10年期間，能夠實現環遊世界的夢想。

從個股到 ETF，投資與人生都進化

第一本書出版後，我在新北市汐止社區大學和臺北市南港社區大學擔任投資課程講師，也持續在臉書粉絲專頁和方格子華文創作平臺，分享投資策略與實務文章。

在與網友及學生們的教學相長之下，我的投資方法有了再進化，從原本以個股為主要標的，慢慢調整投資組合，提高 ETF 的比重，不僅僅是用被動收入維持經濟穩定無虞，更利用ETF 分散風險、取得和指數一致報酬的特性，減少自己關注股市的心力，留下更多的時間與空間來享受生活。

這些轉變包括了在 2022 年年底時，景氣對策信號轉變為藍燈，代表當時的景氣低迷，台股同時位在長期低檔區，我便加速富邦台 50（006208，全名「富邦台灣采吉 50 基金」）的投資，提高比例。進入 2023 年後，美國升息循環已接近尾聲，當時聯邦基金利率相對高檔、債券價格相對低檔，在債券殖利率高於 5% 期間，我又加速買進了債券型 ETF。另外，**我也自組了高股息 ETF 月配息組合和債券型 ETF 月配息組合（詳見第 5 章第 2 節）**，每個月都有穩健的配息現金流。

富者的定義：時間、人際、金錢都自由

根據勞動部以參加勞工保險的本國勞工為調查對象顯示，勞工規畫退休的平均年齡為 61.3 歲；而內政部公布的「2022 年簡易生命表」中，國人的平均壽命為 79.84 歲。這表示**從職場退休後，還有將近 20 年的人生**，若財富自由的日子，是整天宅在家裡看電視，剛開始的幾天也許會覺得，這樣輕鬆、無負擔的日子很舒服，但很快就會變成好無聊。

在韓國以超輕鬆簡單的投資策略，拯救自己瀕臨倒閉的公司而聞名的 J-won，在他的著作《富者的態度》中，對於富者的定義是，擁有時間、人際、金錢這三種自由的人。我在外語導遊職前訓練課程裡遇到的同學，來自四面八方，有資深外交官、日商副總經理、退役空姐、高中老師、大稻埕屈臣氏大藥房第四代……大家都在金錢之外積極打造心靈上的財富，成為真正富有的人。

我在達成財富自由、提早退休之後，認為實現均衡人生與圓夢是更重要的事，而「被動投資 ETF」相對於「主動投資價值選股」更簡單，且 **ETF 的績效貼近市場報酬，不管是多頭還是空頭行情，績效都與大家一致**，投資無後顧之憂，可以更踏實的過想要的生活。

因此，我逐步調整資產配置和投資組合比例，以 ETF 為主要存股目標，即使這幾年經歷疫情期間股市大波動，但**每年提領出日常生活費用後，我的投資帳戶總市值並未減少，甚至還多出**

300 萬元，年化報酬率有 5.7％，另外透過借券，每年還再額外賺取 3 萬元出借利息收入，讓我更有信心持續使用這套方法穩健投資。

我的配速持股法，ETF 也適用

我在第一本書中提出的配速持股法，做法是「價值低估時買進加速，高估時減速的投資紀律，買進後長期持有，逐步累積資產」，它不僅適用於個股投資，也可以運用在 ETF 投資，包括 3 個步驟：

步驟 1：挑選標的。首重追蹤整體市場指數和低內扣成本的 ETF，再搭配配息和善用借券等優勢。

步驟 2：找買點與資產配置再平衡。參考景氣對策信號、巴菲特指標、聯邦基金利率、技術指標 K 值、殖利率等指標，評估買進時機。

步驟 3：與配速員比績效。股票型 ETF 與 Vanguard 全世界股市 ETF（VT）比績效，債券型 ETF 與 Vanguard 全世界債券 ETF（BNDW）比績效。

本書以台股 ETF 為主，美股 ETF 為輔，共 6 個章節：

第 1 章說明我為何從個股投資轉變成以 ETF 為主，及 ETF 與股票、基金有什麼不同；第 2 章及第 3 章分別介紹台股及美股 ETF；第 4 章說明投資 ETF 時，我會參考的 3 個長期指標和 2 個短期指標，以及如何進行買賣評估；第 5 章是我如何以 11 檔

ETF 達成月領 10 萬元、每個月都領配息；第 6 章分享我在資產配置及借券賺利息的經驗，以及勞保退休金如何試算。

　　本書適合三種人閱讀，第一種是投資新手與小資族，相對於個股而言，ETF 更簡單，不用花時間研究公司財報，從 ETF 開始累積投資經驗，等到有自己的投資想法後再接觸個股，很適合資金及經驗不多的投資人。

　　第二種是計畫退休的人。面對第二人生的投資理財與夢想實現難免徬徨，這本書記錄了我進入第二人生的實踐方法，對於準備退休的朋友，提供一個實際應用的參考。

　　另外，如果你是導遊領隊，這本書也很適合閱讀，因為這是市面上第一本關於「導遊領隊從事投資」的書，歡迎旅遊同業一起藉由 ETF 實現夢想。

【阿福の投資馬拉松】臉書粉絲專頁

圖表 0-1　阿福參考投資大師的經典書單

書名	作者	出版社
《約翰柏格投資常識》（*The Little Book of Common Sense Investing*）	約翰・柏格（John C. Bogle）	寰宇出版
《漫步華爾街》（*The Random Walk Guide To Investing*）	墨基爾（Burton G. Malkiel）	天下文化
《巴菲特寫給股東的信》（*The Essays of Warren Buffett*）	華倫・巴菲特（Warren Buffett）、勞倫斯・康寧漢（Lawrence A. Cunningham）	時報出版
《彼得林區選股戰略》（*One Up on Wall Street*）	彼得・林區（Peter Lynch）、約翰・羅斯查得（John Rothchild）	財信出版
《投資最重要的事》（*The Most Important Thing Illuminated*）	霍華・馬克斯（Howard Marks）	商業周刊
《一個投機者的告白之證券心理學》（*Kostolanys Börsenpsychologie: Vorlesungen am Kaffeehaustisch*）	安德烈・科斯托蘭尼（André Kostolany）	商業周刊

不用研究基本面的理財法

「只要你一直在這個市場，什麼都會遇見的。」

——股神華倫・巴菲特（Warren Buffett）

01

股市波動難預測，
ETF 卻挺住了

　　我在 43 歲開始為了達成「財務獨立，提早退休」的 FIRE（Financial Independence, Retire Early）人生，積極改變投資觀念，到 48 歲從 IBM 退休後，便很快展開第二人生的計畫，立刻報考了導遊執照，在兩間社區大學開設理財課程，積極參與各種導覽人員的課程。新的生活方式和領域讓我每天都過得很充實，漸漸想要投注更多時間和心力在其中。

　　然而這 3 年來，因為新冠肺炎疫情及美國聯邦準備理事會（Federal Reserve Board，簡稱聯準會）連續升息，投資環境劇烈變化，要維持個股的投資績效，勢必得更緊密關注股市，於是我從 2020 年開始逐漸拉高 ETF 的比重，原本元大台灣 50（0050）和富邦台 50（006208）（標的介紹請見第 60 頁及第 62 頁）兩檔合計，只在我投資總資產的 5%，現在已提高至 15% 左右；另外，這幾年陸續買進的高股息及債券型 ETF，合計也達 20% 左右，各檔都持續以定期定額穩定增加持股中。

接下來我們看看這 3 年投資環境的變化，以及如何啟發我的投資進化。

2020 年的春節年假從 1 月 21 日開始，但隔天臺灣就出現了新冠肺炎首位境外移入確診病例，台股從此開啟一波劇烈震盪的走勢。農曆過年前的最後一個交易日是 1 月 20 日，當天台股封關收盤指數為 12,118.71 點，過年後 1 月 30 日開盤，不同於以往新春開盤通常以紅盤行情作收，當天股市反而大跌 696.97 點，收盤指數為 11,421.74 點。

國際股市亦受到疫情影響，美股甚至在 2020 年 3 月分一個月內便觸發了 4 次熔斷。道瓊指數（DJI）在 2020 年 2 月 12 日達到最高點 29,568.57 點，之後因為疫情導致原油需求疲軟、國際油價大跌，而引發全球股災，大跌至 3 月 23 日最低點 18,213.65 點，整體跌幅達 38.4%，期間 3 月 9 日、3 月 12 日、3 月 16 日、3 月 18 日都觸發熔斷機制（見右頁圖表 1-1）。當時連股神巴菲特都驚呼「活久見」：「只要你一直在這個市場，什麼都會遇見的。」

台股在 2020 年 3 月 19 日創下波段最低點 8,523.63 點後展開反彈，7 月 30 日突破了 1990 年 2 月 12 日所達到的歷史高點 12,682 點，之後便一路上漲到 2022 年 1 月 5 日的最高點 18,619.61 點，短短一年半總共上漲了 10,095.98 點，漲幅高達 118.45%。期間國家發展委員會（簡稱國發會）發布的景氣對策信號，在 2021 年連續 9 個月發布代表景氣熱絡的紅燈，這段時

圖表1-1　美股道瓊指數走勢圖

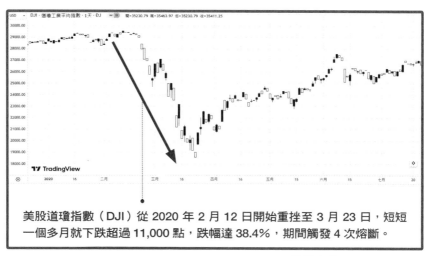

美股道瓊指數（DJI）從 2020 年 2 月 12 日開始重挫至 3 月 23 日，短短一個多月就下跌超過 11,000 點，跌幅達 38.4%，期間觸發 4 次熔斷。

資料來源：TradingView。

圖表1-2　台股大盤走勢圖

台股在 2020 年 3 月 19 日創下波段最低點後展開反彈，一路上漲到 2022 年 1 月 5 日的最高點 18,619.61 點，短短一年半漲幅高達 118.45%，期間景氣對策信號連續 9 個月亮紅燈，股市看回不回，跌破專家眼鏡。

資料來源：台灣股市資訊網。

間股市持續出現漲幅已大，看似要回檔的態勢，卻又再上漲，看回不回，跌破專家眼鏡。

　　我在退休前就已買進元大台灣 50（0050），當時的買賣策略是參考短期指標「技術指標 K 值」（相關說明請見第 151 頁），採取方法是台股大盤日 K 值＜20 時買進，K 值＞80 時賣出，2020 年 3 月中旬在台股大盤日 K 值＜20 時，共買進 8 張，平均成本 72 元，3 月底時 K 值＞80 時就全部賣光了。但沒想到之後台股持續上漲，我也只能看著指數節節高升而乾瞪眼（見圖表 1-3）。

圖表 1-3　元大台灣 50 走勢圖

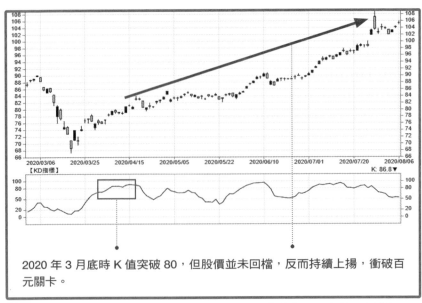

2020 年 3 月底時 K 值突破 80，但股價並未回檔，反而持續上揚，衝破百元關卡。

資料來源：台灣股市資訊網。

📑 ETF 小辭典

● 技術指標 K 值

技術指標 K 值是用過去一段時間股價強弱的趨勢，來評估目前股價處於相對高點或低點。小於 20 時代表超賣，意味股價容易出現向下修正；大於 80 時代表超買，價格容易出現向上調整。

● 景氣對策信號

國發會每個月月底發布的前一個月景氣概況，分為景氣對策信號及指標。信號共有 5 種顏色，分別代表過熱至低迷的 5 個層級，可以快速了解當前的景氣狀況。

● 熔斷機制

熔斷機制是政府為避免市場過度恐慌，暫停交易一段時間再恢復交易的機制，美國為避免發生類似 1987 年 10 月 19 日的全球股災而首次提出，以標準普爾 500 指數熔斷機制為例，指數下跌 7%、13%，市場會暫停交易 15 分鐘再恢復運作，當指數下跌 20%，當天交易停止，次日再開盤。

　　為了避免類似情形再發生，**我的元大台灣 50（0050）投資便從此增加參考「景氣對策信號」這個長期指標**，因為它是由 9 種經濟指標所組成，包括：貨幣總計數 M1B（按：指民眾可隨時動用的資金）、股價指數、工業生產指數、非農業部門就業人數、海關出口值、機械及電機設備進口值、製造業銷售量指數、製造業營業氣候測驗點，以及批發、零售及餐飲業營業額變動率，足以代表臺灣整體經濟狀況，更適合與大盤連動性高的元大台灣 50（0050）投資操作。

　　在我賣出持股後，台股飆升到 2022 年 1 月，衝上 18,619.61 高點後才開始下跌，至 2022 年 10 月 25 日的低點 12,629.48 點，共下跌 5,990.13 點，跌幅 32.17%。之後又再反彈至 2023 年 6 月 30 日的 16,915.54 點，上漲 4286.06 點，漲幅 33.94%。

　　這段期間我的 ETF 投資策略，已進化為同時參考景氣對策信號及技術指標 K 值，包括：

　　1. 景氣對策信號亮藍燈代表景氣低迷，此時在長線低檔區，投資要加速買進；亮紅燈代表景氣熱絡，此時在長線高檔區，投資要減速賣出。

　　2. 技術指標 K 值＜20 時代表短期低檔區，這時不管景氣對策信號是什麼燈，都可以買進，K 值＞80 時代表短期高檔區，投資要減速賣出。

　　但是**元大台灣 50（0050）的賣出時機，只有在景氣對策信號出現紅燈，加上 K 值＞80，兩個條件同時滿足才會執行**，因

為紅燈代表長線高檔區，K 值＞80 代表短期高檔區，此時長線及短線都位在高檔，回檔風險高，因此是很好的賣出時機。

　　綜合判斷兩項指標，景氣對策信號自 2022 年 1 月至 2023 年 6 月從黃紅燈、綠燈、黃藍燈，一路掉到藍燈，我持續加速買進元大台灣 50（0050），儘管期間 K 值偶有突破 80，但因為景氣對策信號未出現紅燈，所以沒有任何賣出。截至 2023 年 6 月 30 日台股指數尚未創新高，而**我的元大台灣 50（0050）投資績效早已轉為正報酬，達到 20.43%**，更強化我對於 ETF 投資策略的信心（見第 38 頁圖表 1-4）。

升息，就是買債券好時機

　　股市會劇烈波動的原因之一，是美國聯準會的升降息決定。在 2020 年 3 月連續兩次降息，聯邦基金利率降至趨近於零，並在 3 月 23 日宣布，將無限量收購美國公債與房貸擔保證券，重啟量化寬鬆（QE）的資產收購計畫，穩定市場信心，使得債券價格在這段時間漲到最高點。

　　但是疫情引發的邊境管制、人工短缺，導致原物料進口受阻，港口塞滿貨櫃，進而造成運輸成本飆高、原物料價格上漲，商家撐不住成本壓力，只能開始調漲商品價格，將成本轉嫁給消費者，最後演變成萬物皆漲的狀況。

　　聯準會為了達成降低通貨膨脹率的目標，2022 年初的聯邦基金利率原本是 0%～0.25%，在 2022 年 3 月 16 日宣布升息 1

圖表 1-4　阿福的 ETF 累積進程

2021 年股市多頭時期減速投資，整年累計僅買進了 10 張元大高股息（0056）、3 張元大台灣 50（0050）。

2022 年空頭股市時期加速投資，整年累計買進 40 張國泰永續高股息（00878）、20 張元大高股息（0056）、9 張富邦台 50（006208）。

2022 年 12 月至 2023 年 7 月，利用美國聯準會升息循環接近尾聲，使用定期定額投資，累計買進 20 張元大美債 20 年（00679B）、15 張元大 AAA 至 A 公司債（00751B）、10 張元大投資級公司債（00720B）。

2023 年 1 月至 2023 年 7 月，利用景氣燈號出現藍燈，使用定期定額投資，累計買進 9 張富邦台 50（006208），2 張元大台灣 50（0050）。

碼後，展開連續升息，直到 2023 年 7 月 26 日已達到近 22 年來最高的 5.25％～5.5％（見右頁圖表 1-5）。

　　債券價格和利率高度相關，因為債券持有人可以定期領取債

圖表1-5　美國聯邦基金利率走勢圖

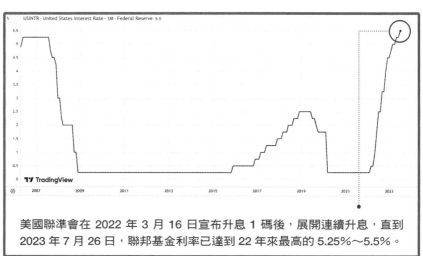

美國聯準會在 2022 年 3 月 16 日宣布升息 1 碼後，展開連續升息，直到 2023 年 7 月 26 日，聯邦基金利率已達到 22 年來最高的 5.25%～5.5%。

資料來源：TradingView。

圖表1-6　元大美債 20 年走勢圖

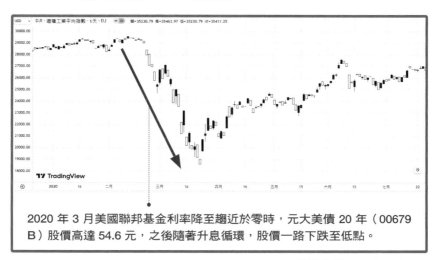

2020 年 3 月美國聯邦基金利率降至趨近於零時，元大美債 20 年（00679B）股價高達 54.6 元，之後隨著升息循環，股價一路下跌至低點。

資料來源：TradingView。

039

券利息，到期領回本金，若是還未到期就想要賣出，債券價格則會由市場機制決定。聯準會展開升息循環，市場利率調高，新發行的債券票面利率相較於已發行債券的利率高，先前較低利率時發行的債券價格就會下跌，同時亦會提高債券殖利率以接近市場利率。

以元大美債 20 年（00679B）為例，這是追蹤美國政府 20 年期（以上）的債券型 ETF，2020 年 3 月 9 日時的最高價格為54.6 元，當時美國基準利率降至趨近於零，隨著聯準會展開升息循環，債券價格則是一路下跌至低點（見第 39 頁圖表 1-6）。

迎戰股市震盪：加強 ETF、鎖定能力圈

在疫情造成股市劇烈震盪，以及聯準會調整利率影響債市漲跌，這樣的時空背景之下，我檢視自己持股的績效後，決定調整資產配置來應對，讓自己的投資組合再進化。

進化的第一步即是加強 ETF 投資。ETF（Exchange Traded Fund）是指交易所買賣的基金，也稱為指數型基金，是按照追蹤的指數，分散投資一籃子標的。這些標的可以是股票、債券，或其他金融商品，長期投資具有降低波動度、分散風險的效果，可以取得和指數一致的報酬。基金公司會根據 ETF 追蹤的指數，定期公布成分股明細，並且調整成分股比重，調整具備自動汰弱留強機制，透明度高。

選擇追蹤整體市場的 ETF，可以取得貼近市場報酬率，投資

績效會和大家一樣好、一樣壞。此外，國內 ETF 的證券交易稅（簡稱證交稅）為 0.1％，**在 2026 年底前賣出債券型 ETF 時，免課徵證交稅，也免徵二代健保補充保費（簡稱二代健保費），相較於股票交易的 0.3％，交易成本較低。**

投資個股和 ETF 各有優勢，投資組合中個股和 ETF 的比重，可根據人生階段調整，而**我退休後選擇拉高 ETF 的比例，因為 ETF 相對於個股更簡單，可以讓我有更多時間做自己想做的事。**

第二步則是斷絕能力圈之外的投資。巴菲特說：「投資者應該將所有的雞蛋都放進同一個籃子裡，然後小心的看好它。」我將它引申為：投資要在能力圈範圍之內，選擇自己熟悉的產業和個股。

因為一般投資人並不知道自己的能力圈範圍有多大？邊際在哪裡？有時會高估自己的能力，以為身在這個產業工作，或是從未錯過法人說明會和股東會，藉此掌握公司營運的全貌，就是對標的的基本面已經有深入研究，投資風險就會降低。卻不知即使如此仍然存在風險，因為公開資訊都是公司願意讓外界知道的消息，那些不想讓你知道的事情，就算是會計師也未必能夠察覺。

在能力圈這個基本原則之下，經過定期檢視後，**我進行了投資斷捨離，剔除原本手中持有的中國相關個股，包括日友（8341）、大地-KY（8437）、鮮活果汁-KY（1256），因為在如今的世界局勢下，它們已經是我能力圈之外的投資了。**

　　廢棄物處理服務公司日友（8341）發展重心已進展至中國，但近年來中美兩國對抗，導致中國逐漸失去製造大國的優勢，事業廢棄物處理量減少，日友（8341）的發展不如預期。另外，2021 年股東會上曾公布將建新廠，朝向醫療事業廢棄物處理布局，至今尚未有進一步消息，無法掌握新廠投資案的時程，也就等於超出能力圈範圍（見右頁圖表 1-7）。

　　而經營幼教事業的大地-KY（8437），因為中國近年出生率下跌，新生兒減少，使得優勢不再，再加上媒體對於大地-KY（8437）的報導很少，他們曾在疫情期間提供幼稚園顧問費用折扣，這樣的營運訊息都必須仰賴法說會和股東會才得知，無法完整且即時獲得資訊，亦是超出能力圈範圍（見右頁圖表 1-8）。

　　專營中國市場的飲品原料供應商鮮活果汁-KY（1256），則是因為出現好幾次意料之外的訊息，包括 2021 年第 2 季及第 4 季的財報都有調整，最終數字和預期差異頗大，以及同一年的 8 月分董事長申報持股轉讓 1,000 張，雖然公司說明是董事長個人財務規畫，但訊息公布次日股價立即大跌，幾次驚嚇後，讓我認定它已不在能力圈之中便捨棄持股（見第 44 頁圖表 1-9）。

　　香港《南華早報》評論家周昕在 2023 年 5 月 30 日撰文指出，在出生率直線下降、有破裂風險的債務泡沫，以及「世界工廠」稱號正在失去光彩，這三頭「灰犀牛」逐漸壯大之下，中國的經濟成長岌岌可危。在我剔除中國相關股票時，這篇文章尚未出刊，但內容和我的觀察一致，數年後可以一起來回顧驗證。

圖表1-7　日友走勢圖

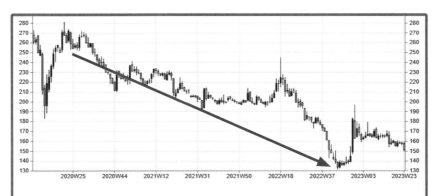

日友（8341）因中國的事業廢棄物處理量減少，導致發展不如預期。雖然曾公布將朝向醫療事業廢棄物處理布局，但至今尚未有進一步消息，股價也連續下跌。

資料來源：台灣股市資訊網。

圖表1-8　大地-KY 走勢圖

中國近年出生率下跌，新生兒減少，使得大地-KY（8437）優勢不再，股價表現亦不理想，再加上資訊不夠透明，須仰賴股東會才得知營運訊息，已超出阿福的能力圈範圍。

資料來源：台灣股市資訊網。

圖表 1-9　鮮活果汁-KY 走勢圖

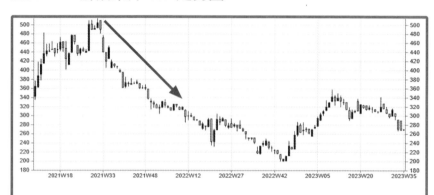

鮮活果汁-KY（1256）在 2021 年第 2 季及第 4 季都出現過財務報表調整，最終數字和預期差異頗大，同年還發生董事長申報持股轉讓 1,000 張，重大訊息公布次日股價立即大跌，讓阿福認定它已不在能力圈之中。

資料來源：台灣股市資訊網。

02

比買股簡單，費用比基金更低

ETF 的全名為 Exchange Traded Funds，exchange 是指交易所，trade 是交易，funds 是基金，完整意思是指在交易所買賣的基金，中文即為「指數股票型基金」。

ETF 的性質介於股票及基金之間，它的交易方式像股票一樣簡單，盤中可以隨時買賣，相當方便，同時又有基金分散風險的效果，但又無須像共同基金一樣，必須透過基金公司或銀行才能申購與贖回。

每支 ETF 的名稱前都冠有投信公司的名稱，即是發行這支 ETF 的公司，它們的任務是讓 ETF 的報酬貼近某個指數，也就是 ETF 的「追蹤指數」。

例如追蹤臺灣 50 指數的元大台灣 50（0050），便是由元大投信所發行，那麼元大投信的任務，就是要讓元大台灣 50（0050）的報酬貼近臺灣 50 指數，讓大家投資元大台灣 50（0050）就像直接投資臺灣 50 指數一樣，可以直接獲得指數的

報酬表現（見右頁圖表 1-10）。

再以美國的 Vanguard 標普 500 ETF（VOO）說明，這支由美國先鋒集團（Vanguard Group）發行的 ETF，追蹤美國標準普爾 500 指數（按：簡稱標普 500 指數），這是觀察美國 500 家上市大公司的指數，其中不乏成立已經上百年的優良企業，可以發現 Vanguard 標普 500 ETF（VOO）與標普 500 指數的績效走勢完全一致（見右頁圖表 1-11）。

買個股只能買一家，買 ETF 有一大籃標的

一般投資大眾最熟悉的股票則是一種有價證券，投資人買進一家上市櫃公司的股票，代表擁有公司所有權的一部分，成為股東可以分享公司成長獲利並領取股利，也要共同承擔營運不善造成的虧損。

根據金融監督管理委員會的證券期貨統計資料，臺灣 2022 年度上市公司 971 家、上櫃公司 808 家，投資人買個股要從將近 2,000 家公司當中，挑選出看好的公司，選擇適當時機和合理股價時買進，並且定期審視公司的財務報表。

股票與 ETF 的最大差異在於，買賣一檔股票即是買賣單一特定公司的股份，而**投資 ETF，則是一次投資該檔 ETF 追蹤指數所涵蓋的多個標的，依照每個指數的成分股不同，ETF 涵蓋的公司也不同。**

另一個不同之處是操作手法。投資股票必須先研究該公司的

圖表 1-10　元大台灣 50 與臺灣 50 指數走勢圖

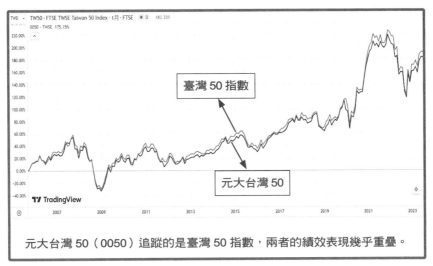

元大台灣 50（0050）追蹤的是臺灣 50 指數，兩者的績效表現幾乎重疊。

資料來源：TradingView。

圖表 1-11　Vanguard 標普 500 ETF 與標普 500 指數走勢圖

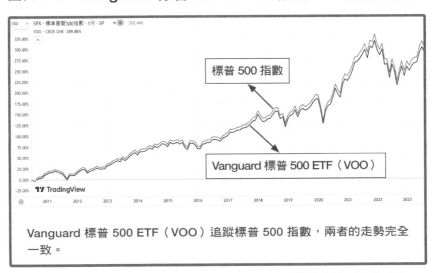

Vanguard 標普 500 ETF（VOO）追蹤標普 500 指數，兩者的走勢完全一致。

資料來源：TradingView。

營運狀況、過往績效、股價表現等，再決定是否買進，因此是主動型的投資；投資 ETF 不用看盤、無須研究公司基本面，只要選定想要投資的指數類型，買進追蹤指數符合的 ETF，就能一次享受多檔標的的績效，分散風險。

共同基金與 ETF 的差別

共同基金是將眾多投資人的資金結合在一起，由專業機構負責投資管理，投資的收益與風險由投資人共同分擔。因為一般人並不懂投資相關知識，也沒有時間研究，所以將錢交由專業機構負責，並支付管理費用。

共同基金按照操作方式不同，可以區分為「主動型基金」和「被動型基金」，共同基金一般都是主動型基金，由基金經理人負責投資，持股內容依照經理人判斷，以超越大盤績效為目標，基金績效表現須視經理人能力而定。

被動型基金也就是指數型基金，基金經理人按照追蹤指數篩選成分股，追求與指數一致的報酬。基金績效評比可以在中華民國證券投資信託暨顧問商業同業公會網站（https://www.sitca.org.tw/ROC/Industry/IN240200.aspx）查詢。此外，共同基金的交易方式是以每日收盤價淨值定價，透過基金公司或銀行買賣。臺灣目前較少被動型的共同基金，因此一旦提到共同基金，多半是指主動型基金。

綜合比較 ETF、股票與共同基金，**ETF 的最大優勢在於交**

圖表 1-12　ETF 與股票比較表

項目	ETF	股票
追蹤指數	有	無
投資標的	一籃子公司	單一個股公司
注意盤勢	不需要	需要
研究基本面	不需要	需要
風險	分散風險在多檔標的	風險集中在單一個股
證券交易稅	賣出時收取交易金額的 0.1%	賣出時收取交易金額的 0.3%
手續費	・買進時收取交易金額的 0.1425% ・賣出時收取交易金額的 0.1425%	・買進時收取交易金額的 0.1425% ・賣出時收取交易金額的 0.1425%

易與管理費用最低，ETF 的**證券交易稅（簡稱證交稅）為交易金額的 0.1%**，只有股票的 1/3（股票為 0.3%）；管理費用因為是完全被動的投資，不需要透過經理人人為選股、操盤，相較主動型基金與被動型基金都低，也就難怪 ETF 在臺灣投資市場日益熱門，截至 2023 年 8 月 11 日，台股市場 ETF 已經超過 230檔，總投資人數突破 650 萬人。

圖表 1-13　ETF 與共同基金比較表

項目	ETF	被動型基金（指數型基金）	主動型基金
管理方式	被動管理	被動管理	積極管理
投資目標	追求與指數一致的報酬。	追求與指數一致的報酬。	主動操作，打敗大盤。
管理費用	最低到 0.04%，甚至有 0%。	費用普遍在 0.5% 以下。	通常落在 1.5%～2.5% 不等。
交易方式	價格隨著指數波動，開盤時間內可隨時交易。	以每日收盤淨值定價，無法隨時交易。	以每日收盤淨值定價，無法隨時交易。
投資組合內容變動頻率	依指數成分股而變動。	依指數成分股而變動。	依經理人判斷變更投資組合。
投資組合透明度	發行公司會公布持股清單。	發行公司會公布持股清單。	難以查詢實際持股內容。
買賣方式	透過券商。	透過基金公司或銀行。	透過基金公司或銀行。

03

ETF 特性：
取得接近大盤指數的報酬

　　想藉由 ETF 存股，就要從認識「指數型基金之父」柏格的投資哲學開始。柏格是美國先鋒集團（Vanguard Group）創辦人，他認為投資講求的是常識，並不需要複雜的方法，只要買進低成本的 ETF，投資整體市場組合，並永久持有，就能取得接近大盤指數的報酬。

　　我的 ETF 投資法是以柏格的投資哲學為基礎發展而成，先了解柏格的投資哲學、提高被動投資的能力圈，進而產生信念，便能堅持的執行下去。

　　柏格發明的傳統指數型基金（Traditional Index Fund），是以低成本投資整個市場為概念，這麼做的好處，除了可以避免選擇個股時，容易偏重某些產業別的風險，另一方面，由於主動型基金是由基金經理人主動挑選投資標的，因此存在經理人可能評估失準的問題，而指數型基金亦可避開這種風險。

　　傳統指數型基金在 1975 年出現第一檔標的之後，直到 1993

年才出現 ETF，兩者的差異僅在於，傳統指數型基金是透過基金公司或銀行作中介進行交易，而 ETF 是投資人可以直接在交易所買賣，因此傳統指數型基金等於是 ETF 的前身。

避免費用聚沙成塔，吃掉績效

評估基金績效好壞，最有效的條件是內扣費用，也就是投信公司的經理費、保管費等其他費用的總和，不管基金未來績效如何，這些投資成本就是支出，它們永遠存在。

以元大台灣 50（0050）及富邦台 50（006208）為例，元大台灣 50（0050）2022 年的總內扣費用率為 0.43％，富邦台 50（006208）為 0.24％，單純以內扣費用的支出來看，富邦台 50（006208）較有優勢。

我們實際計算看看。假設分別以 10 萬元投資元大台灣 50（0050）及富邦台 50（006208），投資市場年化報酬率為 9％：

> - 投資元大台灣 50（0050）報酬：
>   100,000 元 ×（年化報酬率 9％－內扣成本 0.43％）＝ 8,570 元
> - 投資富邦台 50（006208）報酬：
>   100,000 元 ×（年化報酬率 9％－內扣成本 0.24％）＝ 8,760 元

兩者報酬差距達 190 元，若是以此固定比例投資 10 年，兩者的報酬差距將達到近 2,000 元，可見當**投資時間拉長，費用率越高的 ETF**，造成投資績效減損越大。

投資分散，股價會隨經濟一起成長

市場型 ETF（詳見第 2 章第 1 節）是分散投資整個市場，選擇的先決條件是，這個市場的長期趨勢必須向上。隨著科技進步和經濟成長，全世界的股票市場長期趨勢都是向上，但是個別區域或國家的狀況不同，成長幅度也不同，就必須再考慮這個單一區域或國家的市場成長狀況。

巴菲特曾在寫給波克夏（Berkshire Hathaway）股東的信中提到，因為美國是一個長期趨勢向上的市場，波克夏搭上美國順風車，因此能夠一路成長至今，所以**永遠不要作空美股**。

身處臺灣的投資人，只要認為臺灣投資市場的長期趨勢是向上，就可以投資具代表性的元大台灣 50（0050）或富邦台 50（006208），投資策略是「買進－持有」，任何短期下跌的時刻，都是低檔買進的好時機。

長期持有，不讓交易成本稀釋報酬

ETF 的交易非常方便，容易讓人頻繁買賣，變成短線交易，忘了每一次進出都有交易成本，會稀釋實際報酬。柏格透過股票和債券進行資產配置，減少市場波動的風險，就可以長期持有。

投資是一場長跑比賽，堅持才會獲勝

　　成功路上並不擁擠，因為堅持的人不多。柏格的投資理論簡單易懂，但必須堅持才能成功。ETF 分散標的及風險的特性，能讓投資比較不會焦慮，一旦開始獲利，投資人就會相信自己在做對的事情，產生堅持下去的勇氣。《漫步華爾街》作者墨基爾說：「致富沒有捷徑，投資理財是一場長跑比賽；惟有持之以恆，才能獲致財務自由。」

　　每年都有主動型投資人擊敗市場，但是過去一年的績效好，不代表下一年可以持續有好表現，就像航運股股價在 2020 年 7 月起飆漲至 2021 年 6 月，隨後一路下跌回到原形；2023 年市場開始聚焦在人工智慧（AI）題材、電動車概念股，但因為類股會輪動，績效很難持續擊敗大盤。但投資 ETF 不必追隨隨時都可能改變的潮流，只要取得接近市場的報酬，長期累積下來便會勝過大多數的主動型投資人。

> ### 🪙 ETF 小辭典
>
> ● **市場型 ETF**
>
> 　　市場型 ETF 也稱為指數型 ETF，是追蹤股市大盤指數、績效貼近大盤的一種 ETF，很適合作為長期投

（接下頁）

資。台股中的市場型 ETF，目前有 5 檔，包括：元大台灣 50（0050）、富邦台 50（006208）、元大 MSCI台灣（006203，全名「元大摩臺基金」）、富邦摩台（0057，全名「富邦台灣摩根基金」）、永豐台灣加權（006204，全名「永豐臺灣加權 ETF 基金」），追蹤的指數各不相同。

● 高股息 ETF

　　高股息 ETF 是以高殖利率的股票為追蹤目標，臺灣第一檔高股息 ETF 是元大高股息（0056），亦有許多會在高殖利率的基礎上，再加入特定篩選條件，例如企業永續經營的國泰永續高股息（00878，全名「國泰台灣ESG 永續高股息 ETF 基金」）、股價低波動的元大台灣高息低波（00713，全名「元大台灣高股息低波動 ETF基金」）等。

● 債券型 ETF

　　債券型 ETF 是追蹤債券指數表現，以政府公債、公司債、高收益債券等為成分標的，台股中較熱門的債券型 ETF 有元大美債 20 年（00679B，全名「元大美國政

（接下頁）

府 20 年期（以上）債券基金」）、中信高評級公司債
（00772B，全名「中國信託 10 年期以上高評級美元公
司債券 ETF 基金」）、元大投資級公司債（00720B，
全名「元大 20 年期以上 BBB 級美元公司債券 ETF 基
金」）、元大AAA 至 A 公司債（00751B，全名「元大
20 年期以上 AAA 至 A 級美元公司債券 ETF 基金」）
等。

第 2 章

選股很燒腦，
ETF 只看 3 大類

「投資講求常識，並不需要複雜的方法。」

——約翰·柏格

01

市場型追蹤大盤，
最適合新手

　　近年來 ETF 市場蓬勃發展，資產類別涵蓋股票、債券、商品、貨幣、不動產等，標的市場則包括全球型、區域型、台股、美股等，這麼多種 ETF 中，如何找出適合自己的投資標的？

　　想開始投資 ETF，台股市場型是最適合的選擇，它們追蹤的指數和台股大盤高度連動，可以分為三類，包括追蹤臺灣 50 指數的元大台灣 50（0050）、富邦台 50（006208）；追蹤 MSCI 臺灣指數的元大 MSCI 台灣（006203）、富邦摩台（0057）；追蹤臺灣加權股價指數的永豐臺灣加權（006204）。

　　臺灣 50 指數是由臺灣證券交易所與富時 100 指數（由富時集團根據倫敦證券交易所前 100 大上市公司表現，而製作的股價指數）編製，涵蓋臺灣證券市場中市值前 50 大上市公司；MSCI 指數是由明晟（原名摩根士丹利資本國際）公司編製，涵蓋臺灣股票市場約 85% 的流通市值；臺灣加權股價指數則是由臺灣證券交易所編製的股價指數，涵蓋所有上市股票的市值。

元大台灣 50，臺灣第一檔 ETF 標的

　　元大台灣 50（0050）是臺灣第一檔 ETF 標的，由元大投信自 2003 年發行至 2023 年，已經有 20 年的時間。追蹤的指數為臺灣 50 指數，市值已經超過 3,000 億元；追蹤的產業以電子產業為最大宗，持股超過 50％，其次是金融保險業、塑膠工業、食品工業、鋼鐵工業等；前 5 大成分股為：台積電（2330）、鴻海（2317）、聯發科（2454）、台達電（2308）、廣達（2382），其中台積電的占比就將近 48％。

　　從發行以來至 2016 年，一直維持年配息，從 2017 年開始改採半年配息一次，每年 1 月及 7 月，年現金殖利率長期維持在 3％～4％ 之間。

　　股價漲跌與台股大盤連動，包括 2008 年金融海嘯、2011 年

圖表 2-1　元大台灣 50 與台股大盤走勢圖

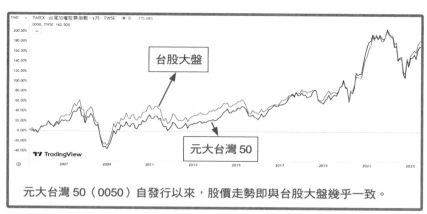

元大台灣 50（0050）自發行以來，股價走勢即與台股大盤幾乎一致。

資料來源：TradingView。

歐債危機、2018 年美中貿易戰，到 2020 年的新冠肺炎疫情期間，走勢都與台股高度一致，（截至 2023 年 7 月 31 日的投資報酬率，投資 3 個月的績效為 11.23％、6 個月為 10.42％、1 年為 13.05％、2 年為 2％、3 年為 37.08％，成立至今的總績效為 575.05％）長期是投資人最喜歡的定期定額 ETF 標的。

圖表 2-2　元大台灣 50 股價走勢圖

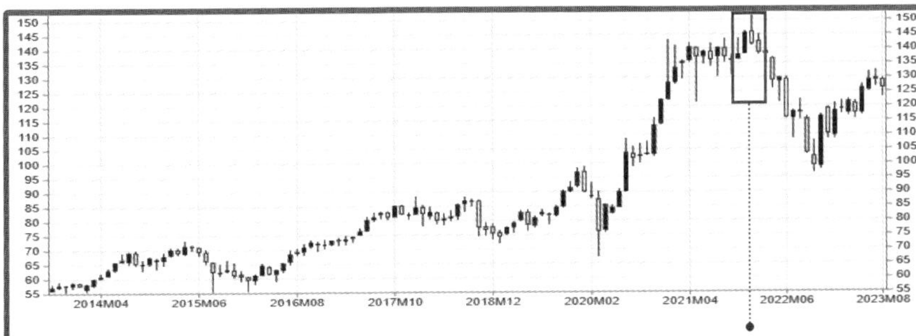

元大台灣 50（0050）股價隨台股市場一起成長，2022 年 1 月時更突破 150 元大關。

資料來源：台灣股市資訊網。

圖表 2-3　元大台灣 50 前 10 大成分股

排名	公司名稱	占比	排名	公司名稱	占比
1	台積電	47.33%	6	聯電	1.92%
2	鴻海	4.52%	7	富邦金	1.68%
3	聯發科	3.58%	8	中信金	1.67%
4	台達電	2.75%	9	兆豐金	1.57%
5	廣達	2.21%	10	中華電	1.54%

資料來源：元大投信網站，2023 年 8 月 29 日。

富邦台 50，就像 0050 的雙胞胎

富邦台 50（006208）是由富邦投資發行的台股市場型 ETF，同樣追蹤臺灣 50 指數，成立於 2012 年，至少剛滿 10 年，市值為 585.8 億元，截至 2023 年 7 月 31 日的淨值為 74.25 元，投資 3 個月的績效為 11.28%、6 個月為 10.50%、1 年為 13.18%、2 年為 2.30%、3 年為 37.87%；成立至今的總績效為 265.94%。

追蹤的產業與成分股與元大台灣 50（0050）極為相似，比重最高的也是半導體業及台積電（2330），因此股價走勢亦與台股大盤高度連動。

圖表 2-4　富邦台 50 與台股大盤走勢圖

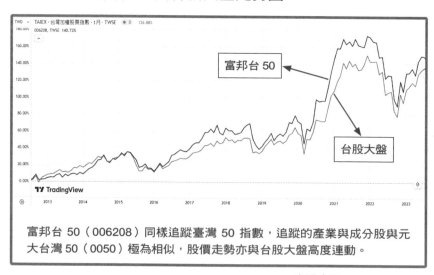

富邦台 50（006208）同樣追蹤臺灣 50 指數，追蹤的產業與成分股與元大台灣 50（0050）極為相似，股價走勢亦與台股大盤高度連動。

資料來源：TradingView。

　　剛發行的前 5 年為年配息，除了發行第一年的現金殖利率高達 6.03% 之外，發行至今多半維持在 2%～3% 之間；自 2017 年起改為每年 7 月及 11 月各配息一次，月分與元大台灣 50（0050）錯開。

圖表 2-5　富邦台 50 股價走勢圖

台股大盤在 2021 年底衝破 18,000 點，富邦台 50（006208）隨即在 2022 年 1 月站上 85.7 元的歷史高點。

資料來源：台灣股市資訊網。

圖表 2-6　富邦台 50 前 10 大成分股

排名	公司名稱	占比	排名	公司名稱	占比
1	台積電	47.53%	6	聯電	1.93%
2	鴻海	4.54%	7	富邦金	1.69%
3	聯發科	3.60%	8	中信金	1.68%
4	台達電	2.77%	9	兆豐金	1.57%
5	廣達	2.22%	10	中華電	1.55%

資料來源：富邦投信網站，2023 年 8 月 29 日。

元大 MSCI 台灣，同時包含中大型股

　　元大 MSCI 台灣（006203）是追蹤 MSCI 臺灣指數的 ETF，成立於 2011 年，市值約 7.5 億元。MSCI 臺灣指數簡稱摩台指，與臺灣 50 指數的不同之處在於，同時包含臺灣大型股和中型股的表現。

　　由於指數中成分股的比重是以個股市值為基準，因此元大 MSCI 台灣（006203）的前 5 大成分股，與元大台灣 50（0050）、富邦台 50（006208）相同，第一、二名都是台積電（2330）及鴻海（2317）；涵蓋比重較大的產業則分別為電子工業 74.21％、金融保險 12.73％、塑膠工業 2.59％ 及航運業

圖表 2-7　元大 MSCI 台灣股價走勢圖

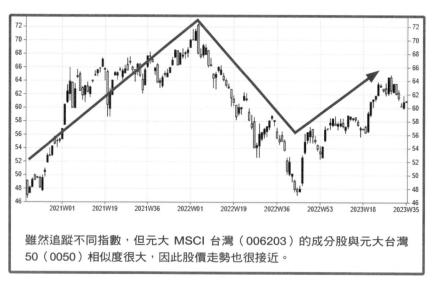

雖然追蹤不同指數，但元大 MSCI 台灣（006203）的成分股與元大台灣 50（0050）相似度很大，因此股價走勢也很接近。

資料來源：台灣股市資訊網。

1.29％。成分股名單每年會審核調整 4 次，分別在 2 月、5 月、8
月及 11 月進行，總檔數並不固定，例如在 2023 年 6 月 1 日生效
的成分股僅 88 檔，但在 9 月 1 日則生效 90 檔，增加了 2 檔。

　　從開始發行至 2015 年之前，元大 MSCI 台灣（006203）都
是 1 年配息 1 次，從 2016 年下半年開始改為半年配息 1 次，配
息月分在 1 月及 7 月，發行以來年殖利率約在 1％ 左右。

　　績效表現上，截止 2023 年 7 月 31 日為止，元大 MSCI 台灣
（006203）的淨值為 63.31 元，投資 3 個月的績效為 12.86％、
6 個月為 12.70％、1 年為 15.95％、2 年為 4.37％、3 年為
43.04％；成立至今的總績效為 208.98％。

圖表 2-8　元大 MSCI 台灣前 10 大成分股

排名	公司名稱	占比	排名	公司名稱	占比
1	台積電	42.31%	6	聯電	1.58%
2	鴻海	4.21%	7	富邦金	1.50%
3	聯發科	3.35%	8	中華電	1.39%
4	台達電	2.11%	9	國泰金	1.36%
5	廣達	2.03%	10	中信金	1.31%

資料來源：元大投信網站，2023 年 8 月 29 日。

富邦摩台，幾乎沒有配息過

　　由富邦投信發行的富邦摩台（0057），成立於 2008 年，市值僅約 1.4 億元，也是一檔追蹤 MSCI 臺灣指數的 ETF，因此涵蓋產業與成分股都和元大 MSCI 台灣（006203）幾乎重疊，只是比重略為差異。

　　截至 2023 年 7 月 31 日的淨值為 95.93 元，投資 3 個月的績效為 12.28％、6 個月為 11.64％、1 年為 13.90％、2 年為 1.99％、3 年為 39.53％；成立至今的總績效為 232.80％。

　　富邦摩台（0057）從發行以來幾乎沒有配息過，唯一一次是在 2016 年，當年度平均股價是 39.9 元，配發現金股利 1.685

圖表 2-9　富邦摩台與台股大盤走勢圖

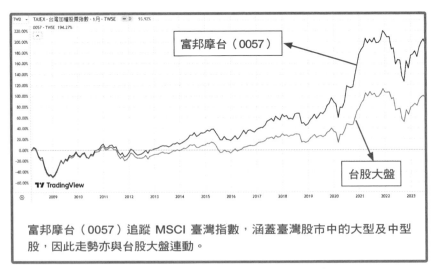

富邦摩台（0057）追蹤 MSCI 臺灣指數，涵蓋臺灣股市中的大型及中型股，因此走勢亦與台股大盤連動。

資料來源：TradingView。

元，殖利率為 4.22%。

圖表 2-10　富邦摩台股價走勢圖

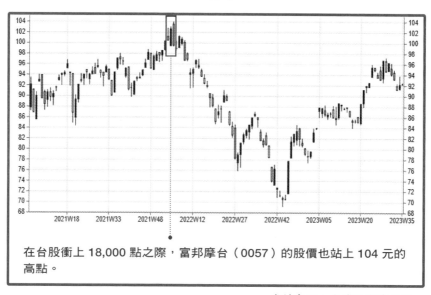

在台股衝上 18,000 點之際，富邦摩台（0057）的股價也站上 104 元的
高點。

資料來源：台灣股市資訊網。

圖表 2-11　富邦摩台前 10 大成分股

排名	公司名稱	占比	排名	公司名稱	占比
1	台積電	40.88%	6	聯電	1.54%
2	鴻海	3.94%	7	富邦金	1.42%
3	聯發科	3.05%	8	中信金	1.35%
4	台達電	2.07%	9	國泰金	1.31%
5	廣達	1.88%	10	中華電	1.28%

資料來源：富邦投信網站，2023 年 8 月 29 日。

永豐臺灣加權，涵蓋臺灣所有上市股票

由永豐投信於 2011 年發行的永豐臺灣加權（006204），是追蹤臺灣證券交易所發行量加權股價指數的 ETF，也就是其成分股涵蓋臺灣所有上市的股票，雖然持股比例最高的產業及標的，一樣是半導體業及台積電（2330），但比重相對較低，僅約 36.65％ 及 23.78％。此外，前 5 大成分股也不只有科技產業，還包含中華電（2412）及台塑化（6505）。

永豐臺灣加權（006204）從發行以來，配息頻率一直固定為一年一次，殖利率約為 3％ 上下，較特別的是 2021 年配發了 5.3 元，以當年平均股價 86.7 元計算，殖利率躍升至 6.12％。

圖表 2-12　永豐臺灣加權與台股大盤走勢圖

永豐臺灣加權（006204）追蹤的指數涵蓋臺灣所有上市的股票，半導體業的比重相對較低，僅約 36.65％，但整體走勢仍與大盤一致。

資料來源：TradingView。

圖表 2-13　永豐臺灣加權股價走勢圖

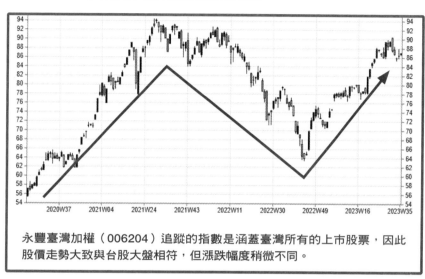

永豐臺灣加權（006204）追蹤的指數是涵蓋臺灣所有的上市股票，因此股價走勢大致與台股大盤相符，但漲跌幅度稍微不同。

資料來源：台灣股市資訊網。

圖表 2-14　永豐臺灣加權前 10 大成分股

排名	公司名稱	占比	排名	公司名稱	占比
1	台積電	23.78%	6	美時	1.86%
2	聯發科	2.95%	7	廣達	1.75%
3	中華電	2.33%	8	台達電	1.36%
4	台塑化	2.03%	9	聯詠	1.31%
5	鴻海	2.03%	10	台灣大	1.20%

資料來源：永豐投信網站，2023 年 8 月 29 日。

追蹤同一個指數的 ETF 由於成分股相同，持股比重也幾乎相等，所以投資績效不會相差太多，差別在於發行的投信公司不同，收取的經理費和管理費就不同。

另一個重點則是配息的時間及頻率不同，以元大台灣 50（0050）及富邦台 50（006208）來說，**兩者追蹤的都是臺灣 50**

圖表 2-15　5 檔台股市場型 ETF 基本資料

名稱	元大台灣 50	富邦台 50	元大 MSCI 台灣	富邦摩台	永豐臺灣加權
代號	0050	006208	006203	0057	006204
發行公司	元大投信	富邦投信	元大投信	富邦投信	永豐投信
成立日期	2003 年 6 月 25 日	2012 年 6 月 22 日	2011 年 4 月 21 日	2008 年 2 月 14 日	2011 年 9 月 6 日
標的指數	臺灣 50 指數	臺灣 50 指數	MSCI 臺灣 指數	MSCI 臺灣 指數	臺灣加權股價 指數
經理費	0.32%	0.15%	0.30%	0.15%	0.32%
保管費	0.035%	0.035%	0.035%	0.035%	0.035%
配息頻率	半年配	半年配	半年配	無	年配

資料來源：各檔 ETF 發行公司網站，2023 年 8 月 29 日。

指數，配息頻率都為半年一次，但元大台灣 50（0050）的配息時間是 1 月及 7 月，富邦台 50（006208）是 7 月及 11 月，我的做法是兩檔 ETF 都持有，這樣就能保障每年 1 月、7 月、11 月都有現金股利入袋。

圖表 2-16　5 檔台股市場型 ETF 績效表現

名稱（代號）	元大台灣 50（0050）	富邦台 50（006208）	元大 MSCI 台灣（006203）	富邦摩台（0057）	永豐臺灣加權（006204）
投資 3 個月	11.23%	11.28%	12.86%	12.28%	13.72%
投資 6 個月	10.42%	10.50%	12.70%	11.64%	16.89%
投資 1 年	13.05%	13.18%	15.95%	13.90%	20.54%
投資 2 年	2.00%	2.30%	4.37%	1.99%	8.15%
投資 3 年	37.08%	37.87%	43.04%	39.53%	56.80%
成立至今總績效	575.05%	265.94%	208.98%	232.80%	243.71%
年化報酬率	9.72%	11.92%	9.18%	7.75%	10.61%

資料來源：各檔 ETF 發行公司網站，2023 年 8 月 29 日。

　　綜合來看 5 檔市場型 ETF，投資 3 年以內的中短期績效差異不大，但若只看成立至今的總投資績效，會發現元大台灣 50（0050）大勝，不過這並非其他 4 檔的績效不好。

　　元大台灣 50（0050）的總投資績效，主要是反應在它成立時間最久，成交量最大，且追蹤的臺灣 50 指數最能代表整體台股市場。其他 4 檔中，只有富邦摩台（0057）成立時間稍長，富邦台 50（006208）、元大 MSCI 台灣（006203）、永豐臺灣加權（006204）成立至今都僅約 10 年，若是把時間拉長，相信總投資績效也不會太差。

　　投資市場型 ETF，最主要目的是得到與大盤相近的報酬，因此追蹤指數越能代表整體市場的，會越符合結果，在這個標準下，我個人會選擇追蹤臺灣 50 指數的元大台灣 50（0050）及富邦台 50（006208）。

02

選定 3 檔高股息，
月月領配息

　　高股息 ETF 是以高殖利率的股票為追蹤目標，目前台股市場上有很多這樣的 ETF，且大受投資人關注，但雖然名稱都有「高股息」，成分股的篩選方式卻大不同。

　　臺灣第一檔高股息 ETF 是元大高股息（0056），它從市值前 150 大的上市公司中，挑選出預測未來 1 年現金股利殖利率最高的 50 檔股票；國泰永續高股息（00878）是在高股息之外再加入 ESG，這是評估企業永續經營的重要指標，包括環境保護（Environmental）、社會責任（Social）、公司治理（Governance）；元大台灣高息低波（00713）加入低波動條件，也就是成分股的股價沒有大起大落現象；富邦特選高股息 30（00900，全名「富邦特選高股息 30 ETF 基金」）以貼近實際配息結果為篩選條件；2023 年 6 月掛牌上市的復華台灣科技優息（00929，全名「復華台灣科技優息 ETF 基金」），則是專注電子科技產業中，具有較高殖利率的股票。

元大高股息，臺灣第一檔高股息 ETF

元大高股息（0056）成立於 2007 年，追蹤的是臺灣高股息指數，市值超過 2,000 億元。臺灣高股息指數是以臺灣 50 指數及臺灣中型 100 指數的成分股為基準，從中篩選出殖利率較高的個股，同時具備中大型股及高股息的條件。

涵蓋產業比重最大的是電子工業，其次是金融保險、紡織纖維、塑膠工業、鋼鐵工業及水泥工業；前 5 大成分股分別為廣達（2382）4.95％、緯創（3231）4.81％、英業達（2356）4.11％、光寶科（2301）3.90％ 及技嘉（2376）3.21％。

圖表 2-17　元大高股息股價走勢圖

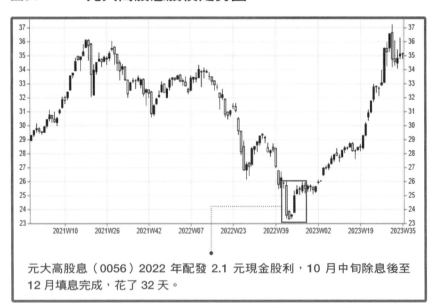

元大高股息（0056）2022 年配發 2.1 元現金股利，10 月中旬除息後至 12 月填息完成，花了 32 天。

資料來源：台灣股市資訊網。

現金股利則是固定每年配發一次，發行至今除了 2008 年及 2010 年未配息之外，其餘 14 年殖利率幾乎都在 5% 以上，平均殖利率為 5.69%。投資績效方面，以截至 2023 年 7 月 31 日計算，投資 3 個月的績效為 31.02%、6 個月為 39.42%、1 年為 40.96%、2 年為 25.85%、3 年為 48.87%，從成立至今的總績效為 220.02%。

圖表 2-18　元大高股息前 10 大成分股

排名	公司名稱	占比	排名	公司名稱	占比
1	廣達	4.95%	6	聯詠	2.97%
2	緯創	4.81%	7	緯穎	2.95%
3	英業達	4.11%	8	聯發科	2.94%
4	光寶科	3.90%	9	台光電	2.74%
5	技嘉	3.21%	10	日月光投控	2.48%

資料來源：元大投信網站，2023 年 8 月 29 日。

圖表 2-19　元大高股息近 5 年現金殖利率表現

股利所屬年度	年均股價	現金股利	現金殖利率	填息天數
2019 年	26.9 元	1.8 元	6.7%	49 天
2020 年	28.5 元	1.6 元	5.61%	28 天
2021 年	33.2 元	1.8 元	5.42%	12 天
2022 年	29.3 元	2.1 元	7.17%	32 天
2023 年	30.3 元	1.0 元	3.3%	5 天

資料來源：台灣股市資訊網，2023 年 8 月 29 日。

國泰永續高股息，成分股須符合永續經營

國泰永續高股息（00878）是一檔非常年輕、快速竄升的熱門存股 ETF，成立於 2020 年，市值約 2,000 億元。追蹤 MSCI 臺灣 ESG 永續高股息精選 30 指數，是以 MSCI 臺灣指數為基準，挑選出符合下列條件的 30 檔標的：

1. 在 MSCI ESG 評級中前 5 等的公司。

2. MSCI ESG 爭議分數 3 分以上。（分數越低表示公司陷入爭議事件的程度越嚴重）

3. 市值大於 7 億美元，近 4 季每股盈餘大於零。

4. 殖利率排名前 30。

前 5 大投資產業分別是電腦及周邊設備類股、金融保險類股、半導體類股、電子通路類股及通信網路類股。持股比例最高的是廣達（2382）7.06％ 及華碩（2357）6.82％。

國泰永續高股息（00878）的配息頻率為一季一次，固定

圖表 2-20　國泰永續高股息前 10 大成分股

排名	公司名稱	占比	排名	公司名稱	占比
1	廣達	7.06%	6	仁寶	3.96%
2	華碩	6.82%	7	聯發科	3.36%
3	緯創	6.53%	8	宏碁	3.24%
4	光寶科	5.09%	9	國泰金	3.19%
5	英業達	4.70%	10	大聯大	3.19%

資料來源：國泰投信網站，2023 年 8 月 29 日。

為每年 2 月、5 月、8 月、11 月配發，2021 年及 2022 年的年殖利率分別為 0.98％ 及 1.18％，2023 年前 3 季的累積殖利率為 0.89％。投資績效截至 2023 年 7 月 31 日計算，投資 3 個月的績效為 26.85％、6 個月為 34.64％、1 年為 38.60％、2 年為 36.93％、3 年為 70.85％，從成立至今的總績效為 70.97％。

圖表 2-21　國泰永續高股息近 3 年現金殖利率表現

股利所屬期間	年均股價	現金股利	現金殖利率	填息天數
2020 年第 4 季	15.1 元	0.05 元	0.33%	1 天
2021 年第 1 季		0.15 元	0.83%	1 天
2021 年第 2 季		0.25 元	1.38%	1 天
2021 年第 3 季	18.1 元	0.30 元	1.66%	12 天
2021 年第 4 季		0.28 元	1.55%	17 天
2021 年合計		0.98 元	5.41%	一
2022 年第 1 季		0.30 元	1.72%	332 天
2022 年第 2 季		0.32 元	1.83%	11 天
2022 年第 3 季	17.5 元	0.28 元	1.6%	133 天
2022 年第 4 季		0.28 元	1.6%	12 天
2022 年合計		1.18 元	6.75%	一
2023 年第 1 季		0.27 元	1.46%	6 天
2023 年第 2 季	18.5 元	0.27 元	1.46%	3 天
2023 年第 3 季		0.35 元	1.89%	3 天

資料來源：台灣股市資訊網，2023 年 8 月 29 日。

元大台灣高息低波，高股息低波動

元大台灣高息低波（00713）成立於 2017 年，追蹤臺灣指數公司特選高股息低波動指數，是一項兼顧高殖利率及股價低波動的指數，市值約 370 億元。前 5 大投資產業包括電子工業、金融服務、食品工業、鋼鐵工業及建材營建，持股比例最高的是仁寶（2324）及統一（1216），占比分別為 8.93％ 及 7.57％。

配息頻率方面，2018 年至 2021 年皆為年配息，4 年的平均殖利率為 2％；2022 年下半年開始改為季配息，2022 年第 3 季及第 4 季皆配發 1.45 元，2023 年第 1 季及第 2 季則是都為 0.68 元。截至 2023 年 7 月 31 日，投資 3 個月的績效為 17.40％、6 個月為 28.68％、1 年為 29.48％、2 年為 27.65％、3 年為 81.84％，從成立至今的總績效為 118.47％。

圖表 2-22　元大台灣高息低波前 10 大成分股

排名	公司名稱	占比	排名	公司名稱	占比
1	仁寶	8.93%	6	光寶科	4.05%
2	統一	7.57%	7	欣興	3.62%
3	台灣大	6.32%	8	宏全	2.98%
4	遠傳	5.49%	9	亞泥	2.49%
5	彰銀	4.64%	10	瑞儀	2.39%

資料來源：元大投信網站，2023 年 8 月 29 日。

圖表 2-23　元大台灣高息低波近 5 年現金殖利率表現

股利所屬期間	年均股價	現金股利	現金殖利率	填息天數
2018 年	30.5 元	1.55 元	5.09%	61 天
2019 年	31.3 元	1.6 元	5.12%	186 天
2020 年	32.0 元	1.7 元	5.31%	36 天
2021 年	41.6 元	3.15 元	7.58%	379 天
2022 年第 3 季	40.8 元	1.45 元	3.55%	109 天
2022 年第 4 季		1.45 元	3.55%	41 天
2022 年合計		2.9 元	7.11%	一
2023 年第 1 季	42.4 元	0.68 元	1.6%	4 天
2023 年第 2 季		0.68 元	1.6%	20 天
2023 年上半年合計		1.36 元	3.21%	一

資料來源：台灣股市資訊網，2023 年 8 月 29 日。

富邦特選高股息 30，年紀尚輕，有待觀察

富邦特選高股息 30（00900）成立於 2021 年底，追蹤的是臺灣指數公司特選臺灣上市上櫃高股息 30 指數，成分股從臺灣上市櫃市值前 200 大的公司中，挑選符合流動性、正營利、股利指標等 30 檔高殖利率個股，市值約 380 億元。

前 5 大成分股包含國泰金（2882）5.71％、中信金（2891）5.41％、兆豐金（2886）5.38％、台泥（1101）5.28％ 及永豐金（2890）5.27％。配息週期為一季一次，月分為 2 月、5 月、8 月、11 月，發行至今已經配息 5 次，近 4 季配息合計 0.9 元。其

圖表 2-24　富邦特選高股息 30 股價走勢圖

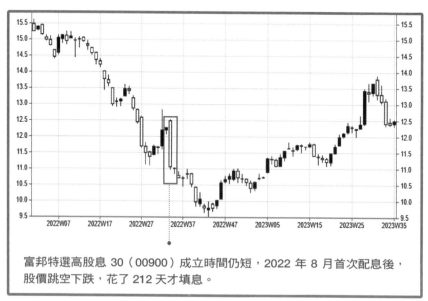

富邦特選高股息 30（00900）成立時間仍短，2022 年 8 月首次配息後，股價跳空下跌，花了 212 天才填息。

資料來源：台灣股市資訊網。

中 2023 年第 3 季配發 0.61 元，高出前 3 季許多，因這檔 ETF 的
成立時間仍短，所以須持續關注這樣的配息比例會成為常態，或
只是短期現象。

圖表 2-25　富邦特選高股息 30 前 10 大成分股

排名	公司名稱	占比	排名	公司名稱	占比
1	廣達	8.05%	6	中信金	4.63%
2	瑞昱	5.21%	7	可成	4.55%
3	光寶科	5.19%	8	統一	4.47%
4	聯發科	4.95%	9	兆豐金	4.40%
5	大聯大	4.69%	10	大立光	3.96%

資料來源：富邦證券網站，2023 年 8 月 29 日。

圖表 2-26　富邦特選高股息 30 近 5 季現金殖利率表現

股利所屬期間	年均股價	現金股利	現金殖利率	填息天數
2022 年第 3 季	12.4 元	1.20 元	9.67%	212 天
2022 年第 4 季		0.15 元	1.21%	3 天
2022 年合計		1.35 元	10.90%	―
2023 年第 1 季	11.9 元	0.12 元	1.01%	4 天
2023 年第 2 季		0.017 元	0.14%	1 天
2023 年第 3 季		0.61 元	5.13%	―
2023 年第 1～3 季合計		0.747 元	6.28%	―

資料來源：台灣股市資訊網，2023 年 8 月 29 日。

復華台灣科技優息，第一檔月月配

2023 年 6 月才成立的復華台灣科技優息（00929），是由復華投信所發行、追蹤臺灣指數公司特選臺灣上市上櫃科技優息指數的 ETF，市值超過 600 億元。

成分股從上市櫃的電子科技類股中，挑選出市值前 200 大且達 50 億元的 40 檔個股，前 5 名分別為矽創（8016）3.59％、聯發科（2454）3.49％、健鼎（3044）3.41％、京元電子（2449）3.36％ 及廣積（8050）3.20％。

圖表 2-27　復華台灣科技優息股價走勢圖

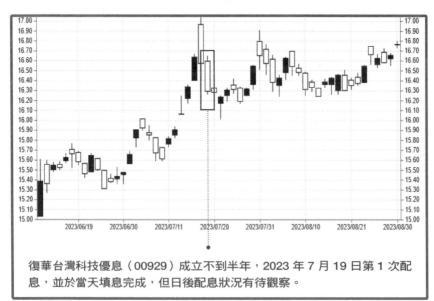

復華台灣科技優息（00929）成立不到半年，2023 年 7 月 19 日第 1 次配息，並於當天填息完成，但日後配息狀況有待觀察。

資料來源：台灣股市資訊網。

　　在大多採用季配息的台股 ETF 市場中，復華台灣科技優息（00929）是第一、也是唯一一檔採月配息的標的，2023 年 7 月、8 月及 9 月的現金股利都已配發，皆為 0.11 元，若是接下來 10 月至 12 月的 3 個月，都是穩定配息 0.11 元，年配息可達 1.32 元，以 2023 年 8 月 31 日的收盤價 16.84 元計算，現金殖利率可逼近 8%。但也因為這是一檔非常新的 ETF，上市未滿一年，配息狀況仍有待觀察。

圖表 2-28　復華台灣科技優息前 10 大成分股

排名	公司名稱	占比	排名	公司名稱	占比
1	矽創	3.59%	6	新普	3.13%
2	聯發科	3.49%	7	啟碁	3.02%
3	健鼎	3.41%	8	瑞昱	2.94%
4	京元電子	3.36%	9	頎邦	2.93%
5	廣積	3.20%	10	瑞儀	2.92%

資料來源：復華投信網站，2023 年 8 月 29 日。

　　高股息 ETF 的經理費與管理費率大致相同，配息頻率採取季配息已成為主流，投資人可以挑選 3 檔季配息的高股息 ETF，將配息的月分錯開，組成高股息 ETF 投資組合，就是提供穩定現金流來源最簡單的方法。

圖表 2-29　5 檔台股高股息 ETF 基本資料

名稱	元大高股息	國泰永續高股息	元大台灣高息低波	富邦特選高股息 30	復華台灣科技優息
代號	0056	00878	00713	00900	00929
發行公司	元大投信	國泰投信	元大投信	富邦投信	復華投信
成立日期	2007 年 12 月 13 日	2020 年 7 月 10 日	2017 年 9 月 19 日	2021 年 12 月 14 日	2023 年 6 月 1 日
標的指數	臺灣高股息指數	MSCI 臺灣 ESG 永續高股息精選 30 指數	臺灣指數公司特選高股息低波動指數	臺灣指數公司特選臺灣上市上櫃高股息 30 指數	臺灣指數公司特選臺灣上市上櫃科技優息指數
經理費	0.30%～0.40%	0.25%～0.30%	0.30%～0.45%	0.30%	0.30%～0.35%
保管費	0.035%	0.035%	0.035%	0.035%	0.03%～0.0425%
配息頻率	季配息	季配息	季配息	季配息	月配息

資料來源：各檔 ETF 發行公司網站，2023 年 8 月 29 日。

圖表 2-30　5 檔台股高股息型 ETF 績效表現

名稱 （代號）	元大 高股息 （0056）	國泰 永續高股息 （00878）	元大台灣 高息低波 （00713）	富邦特選 高股息 30 （00900）	復華台灣 科技優息 （00929）
投資 3 個月	31.02%	26.85%	17.40%	19.92%	—
投資 6 個月	39.42%	34.64%	28.68%	24.51%	—
投資 1 年	40.96%	38.60%	29.48%	31.90%	—
投資 2 年	25.85%	36.93%	27.65%	—	—
投資 3 年	48.87%	70.85%	81.84%	—	—
成立至今 總績效	220.02%	70.97%	118.47%	3.23%	—
年化 報酬率	7.59%	17.35%	14.26%	—	—

註 1：資料來源：各檔 ETF 發行公司網站，2023 年 8 月 29 日。

註 2：富邦特選高股息 30（00900）發行未滿 2 年，因此無投資 2 年及投資 3 年的績效數據。

註 3：復華台灣科技優息（00929）發行未滿 6 個月，依法不得提供報酬資料。

　　目前較具代表性，且受投資人青睞的幾檔高股息 ETF 中，總投資績效相差頗大，但其主要原因和市場型 ETF 一樣，是受到成立時間長短所影響。成立最早的元大高股息（0056）與其他 4 檔相比，績效累積時間多了將近 10 年，報酬率自然會亮眼得多。另一個影響因素是，若成分股剛好搭上新聞時勢，例如 AI 題材，就會上漲，但這種績效表現只是短期現象，無須太在意。

　　依照臺灣法令規定，發行未滿 6 個月的 ETF，不能公布投資績效數據，而我判斷高股息 ETF 是否值得投資的標準，則是會觀察至少 1 年。這 1 年的殖利率，相較於成長，我更重視必須穩定，若是這一次大幅成長，下一次卻又衰退，這種變動幅度過大的 ETF，我都先排除在選擇之外。

03

債券型 ETF，
平衡市場波動的避震器

　　債券型 ETF 可以區分為政府公債、公司債、高收益債券等三種類型。政府公債因為是由政府發行的債券，違約風險低，所以普遍被視為無風險利率，根據存續時間長短，又區分為短期（1～3 年）公債、中期（3～10 年）公債及長期（10～30 年）公債。

　　公司債是由公司所發行的債券，由於公司需要資金，會先向投資人借款，按契約定期支付利息，到期後將本金與利息返還給投資人。目前僅有公開發行的公司可以發行公司債，以保障投資人權益。

　　根據信用評等機制，以標準普爾信用評等公司的信用評等為例，AAA 代表信用評等最高，D 代表信用評等最低，公司債可以區分為投資等級（AAA、AA、A、BBB）公司債，和非投資等級（BB、B、CCC、CC、C、D）公司債。高收益債券即是非投資等級公司債，俗稱垃圾債，因為違約風險高，信用評等較

低，所以會透過高殖利率吸引投資人買進。但債券投資本是以保守穩健為原則，雖然高收益聽起來很吸引人，但反而是應該避開的高風險債券。

前面提到過，債券價格和利率高度相關，因此當美國聯準會**升息幅度趨緩**，殖利率升高，此時會是債券價格相對低點，**適合買進長天期公債和投資等級公司債**；反之，當降息幅度趨緩，殖利率下降，此時則是債券價格相對高點，就會建議賣出長天期公債和投資等級公司債，買進短中期公債。

以目前美國聯準會正處於升息循環的尾聲來說，適合買進長天期公債及投資等級公司債的 ETF，用不同類型的標的分散風險。此外，由於配息頻率皆為每季 1 次，而且月分錯開，只要挑選出 3 檔，就可以組成月月領配息的債券型 ETF 組合。像是以每年 1 月、4 月、7 月、10 月配息的元大投資級公司債（00720B），加上 2 月、5 月、8 月、11 月配息的元大美債 20 年（00679B），再搭配 3 月、6 月、9 月、12 月配息的元大 AAA 至 A 公司債（00751B），就能每個月都有股利收入。

元大美債 20 年（00679B）

由元大投信於 2017 年成立的元大美債 20 年（00679B），是追蹤 ICE 美國政府 20+ 年期債券指數的 ETF，目前市值約 1,072 億元，成分股主要為美國 20 年期以上的中長期公債。

從成立開始就採取季配息，每 6 年來殖利率皆在 2%～3%

圖表 2-31　元大美債 20 年近 3 年現金殖利率表現

股利所屬期間	年均股價	現金股利	現金殖利率	填息天數
2020 年第 1 季		0.23 元	0.48%	1 天
2020 年第 2 季		0.16 元	0.33%	47 天
2020 年第 3 季	48 元	0.17 元	0.35%	1 天
2020 年第 4 季		0.2 元	0.42%	2 天
2020 年合計		0.76 元	1.58%	—
2021 年第 1 季		0.21 元	0.51%	78 天
2021 年第 2 季		0.22 元	0.53%	7 天
2021 年第 3 季	41.2 元	0.22 元	0.53%	4 天
2021 年第 4 季		0.22 元	0.53%	9 天
2021 年合計		0.87 元	2.11%	—
2022 年第 1 季		0.23 元	0.66%	1 天
2022 年第 2 季		0.27 元	0.77%	2 天
2022 年第 3 季	34.9 元	0.29 元	0.83%	—
2022 年第 4 季		0.33 元	0.94%	1 天
2022 年合計		1.12 元	3.21%	—
2023 年第 1 季		0.31 元	0.98%	15 天
2023 年第 2 季		0.29 元	0.92%	—
2023 年第 3 季	31.7 元	0.28 元	0.88%	—
2023 年第 1～3 季合計		0.88 元	2.78%	—

資料來源：台灣股市資訊網。

之間。由於債市有與股市「唱反調」的特性，可以平衡股市的波動，以現在全球股市皆為看漲的情況下，債券 ETF 的價格正處於低檔，元大美債 20 年（00679B）從 2020 年 3 月 9 日的高點 54.6 元，一直下滑至 2023 年 7 月份以來的 31 元左右，正是適合買進的時機。

元大 AAA 至 A 公司債（00751B）

元大 AAA 至 A 公司債（00751B）是長天期的債券型 ETF，成立於 2018 年，目前市值 1,039 億元，追蹤的是彭博美國 20+ 年期 AAA-A 公司債流動性指數。

成分股涵蓋區域占比最大為美國 87.12％，其次為比利時 3.73％、荷蘭 2.62％、澳洲 1.46％ 等地區；成分標的包括亞馬遜、必和必拓（BHP Billiton，世界最大礦業公司）、安海斯—布希英博（Anheuser-Busch Inbev，跨國啤酒生產集團）、殼牌國際金融（Shell International Fin，殼牌公司的子公司）、康卡斯特（Comcast，美國第一大有線電視）等公司的債券。

成立至今穩定於每季配息 1 次，殖利率維持在 3％ 上下，2022 年更達到 4.56％，2023 年上半年累積殖利率即達 2.57％，全年度可望再次突破 4％。

圖表 2-32　元大 AAA 至 A 公司債近 3 年現金殖利率表現

股利所屬期間	年均股價	現金股利	現金殖利率	填息天數
2020 年第 1 季		0.365 元	0.75%	1 天
2020 年第 2 季		0.365 元	0.75%	2 天
2020 年第 3 季	48.6 元	0.375 元	0.77%	6 天
2020 年第 4 季		0.355 元	0.73%	6 天
2020 年合計		1.46 元	3.01%	一
2021 年第 1 季		0.36 元	0.81%	6 天
2021 年第 2 季		0.36 元	0.81%	2 天
2021 年第 3 季	44.5 元	0.35 元	0.79%	3 天
2021 年第 4 季		0.35 元	0.79%	一
2021 年合計		1.42 元	3.19%	一
2022 年第 1 季		0.37 元	1.00%	1 天
2022 年第 2 季		0.42 元	1.13%	6 天
2022 年第 3 季	37.1 元	0.44 元	1.19%	56 天
2022 年第 4 季		0.46 元	1.24%	一
2022 年合計		1.69 元	4.56%	一
2023 年第 1 季		0.45 元	1.30%	1 天
2023 年第 2 季	34.6 元	0.44 元	1.27%	4 天
2023 年上半年合計		0.89 元	2.57%	一

資料來源：台灣股市資訊網。

元大投資級公司債（00720B）

元大投資級公司債（00720B）也是成立於 2018 年，追蹤的是彭博美國 20+ 年期 BBB 公司債流動性指數，目前市值約 860 億元。

成分股只涵蓋 5 個區域，除了占比最高的美國之外，另有加拿大 4.16%、英國 3.46%、祕魯 0.33% 及日本 0.17%；主要標的有波音（Boeing）、AT&T、南方電力（Southern）、CVS 健康（CVS Health）、甲骨文（Oracle）、安進（Amgen，世界最大製藥公司之一）等公司債。

從 2018 年成立至今，已經配息 20 次，2019 年至 2022 年的平均殖利率為 4.06%，2023 年第 1～3 季累積已達到 4.27%，全年度殖利率超過 5% 的機會很大。

中信高評級公司債（00772B）

中信高評級公司債（00772B）追蹤指數為彭博 10 年期以上高評級美元公司債指數，成立於 2019 年，資產規模約 1,100 億元，成分股以美國地區的公司債為最大宗，其次是荷蘭、英國、澳洲等地區，包含亞馬遜、微軟、康卡斯特等公司的長年期債券，共 463 檔標的。

配息頻率為每月發放，2020 年至 2022 年的平均殖利率為 3.55%，2023 年 1～8 月累積殖利率已達 3.03%，還有 4 次配息，全年度累積應可突破 4%。

圖表 2-33　元大投資級公司債近 3 年現金殖利率表現

股利所屬期間	年均股價	現金股利	現金殖利率	填息天數
2020 年第 1 季		0.46 元	1.00%	16 天
2020 年第 2 季		0.48 元	1.05%	32 天
2020 年第 3 季	45.8 元	0.43 元	0.94%	4 天
2020 年第 4 季		0.43 元	0.94%	13 天
2020 年合計		1.80 元	3.93%	－
2021 年第 1 季		0.41 元	0.94%	－
2021 年第 2 季		0.42 元	0.96%	42 天
2021 年第 3 季	43.8 元	0.41 元	0.94%	3 天
2021 年第 4 季		0.41 元	0.94%	8 天
2021 年合計		1.65 元	3.77%	－
2022 年第 1 季		0.41 元	1.13%	－
2022 年第 2 季		0.43 元	1.18%	73 天
2022 年第 3 季	36.4 元	0.49 元	1.35%	5 天
2022 年第 4 季		0.51 元	1.40%	11 天
2022 年合計		1.84 元	5.06%	－
2023 年第 1 季		0.49 元	1.42%	－
2023 年第 2 季		0.50 元	1.45%	4 天
2023 年第 3 季	34.4 元	0.48 元	1.39%	11 天
2023 年第 1～3 季合計		1.47 元	4.27%	－

資料來源：台灣股市資訊網。

圖表 2-34　中信高評級公司債近 3 年現金殖利率表現

股利所屬期間	年均股價	現金股利	現金殖利率
2020 年	48.1 元	1.36 元	2.83%
2021 年	44.2 元	1.51 元	3.42%
2022 年	37.2 元	1.64 元	4.40%
2023 年第 1～8 月	35.3 元	1.07 元	3.03%

資料來源：台灣股市資訊網。

國泰投資級公司債（00725B）

　　由國泰投信發行的國泰投資級公司債（00725B），成立於 2018 年，追蹤彭博 10 年期以上 BBB 美元息收公司債（中國除外）指數，目前市值約 830 億元。成分股共 161 檔，占比較大的標的包含波音、CVS 健康、聯合技術（United Technologies，美國第 22 大製造商）、華納媒體控股（Warnermedia Holdings）、甲骨文、安進等公司債。

　　配息採取 1 季發放 1 次，於每年 1 月、4 月、7 月、10 月配發，2019 年至 2022 年的平均殖利率為 3.95％，2023 年前 3 季累積為 3.51％，全年度殖利率有機會逼近 5％。

圖表 2-35　國泰投資級公司債近 3 年現金殖利率表現

股利所屬期間	年均股價	現金股利	現金殖利率	填息天數
2020 年第 1 季		0.47 元	1.05%	1 天
2020 年第 2 季		0.48 元	1.08%	28 天
2020 年第 3 季	44.6 元	0.40 元	0.90%	3 天
2020 年第 4 季		0.42 元	0.94%	13 天
2020 年合計		1.77 元	3.97%	一
2021 年第 1 季		0.42 元	0.96%	98 天
2021 年第 2 季		0.36 元	0.82%	38 天
2021 年第 3 季	13.9 元	0.41 元	0.93%	10 天
2021 年第 4 季		0.39 元	0.89%	14 天
2021 年合計		1.58 元	3.60%	一
2022 年第 1 季		0.39 元	1.05%	一
2022 年第 2 季		0.40 元	1.07%	73 天
2022 年第 3 季	37.2 元	0.42 元	1.13%	6 天
2022 年第 4 季		0.46 元	1.24%	8 天
2022 年合計		1.67 元	4.49%	一
2023 年第 1 季		0.41 元	1.13%	45 天
2023 年第 2 季		0.44 元	1.22%	43 天
2023 年第 3 季	36.2 元	0.42 元	1.16%	3 天
2023 年第 1～3 季合計		1.27 元	3.51%	一

資料來源：台灣股市資訊網。

04

臺灣投資人最愛的是⋯⋯

　　臺灣投資人選擇 ETF 時的喜好是什麼？從熱門 ETF 排行榜可以看出端倪（見第 99 頁圖表 2-36）。ETF 受益人數（指該檔 ETF 的持有人數）前 5 大排行榜（截至 2023 年 6 月 30 日止）中，國泰永續高股息（00878）和元大高股息（0056）高居前兩名，且持有人數與第 3 名的元大台灣 50（0050）相比，是斷層式的領先，可見高股息型 ETF 受到絕大多數投資人的喜愛，大家還是偏好能夠領取現金股利。

　　元大台灣 50（0050）和富邦台 50（006208）則位居第 3 名和第 5 名，顯示以整體市場為成分股的 ETF 仍是主流。第 4 名的國泰台灣 5G+（00881）是追蹤臺灣 5G+ 通訊指數，成分股偏重半導體和電子產業。

　　若從 ETF 的基金規模來看，除了前三大的元大台灣 50（0050）、元大高股息（0056）、國泰永續高股息（00878）之外，第 4 名之後的 7 檔都是債券型 ETF，但只有元大美債 20 年

（00679B）進入受益人數排行榜中，名列第 9，可見臺灣投資人資產配置的觀念還不夠普及，對於債券仍不熟悉，但投資債券是正確的方向，因為它是應對股市波動的解決方案，可以降低股災的影響，需要加強教育推廣。

　　所謂債券型 ETF，追蹤的是債券指數，就跟股票型 ETF 一樣，同樣是一次買進一籃子債券。目前台股市場中的債券型 ETF，都是追蹤美國或全球的政府公債或公司債，沒有追蹤臺灣債券的 ETF，一方面是因為美國政府公債不會倒閉，信用評等高，被視為無風險資產，是配置債券時的首選；另一方面，我認為是臺灣債券的發行單位少，只有臺灣政府和少數公司發行債券，還沒有足夠的標的成立一檔專門追蹤臺灣債券的 ETF 標的。

ⓢ ETF 小辭典

● 政府公債

　　政府為了籌措財政資金所發行的債券，人民購買政府公債，等於把錢借給政府，可以在約定的時間，換取約定的利率。例如以 100 美元買進美國公債 10 年期，票面利率為 4.3%，第 1～10 年每年可以領到 100 美元 ×4.3% 的利息，第 10 年再領回本金 100 美元，總共可領回 143 美元。

圖表 2-36　台股 ETF 持有人數排行榜（前 10 名）

排名	名稱（代號）	5 日均量	近 4 季殖利率	當月受益人數
1	國泰永續高股息（00878）	174,497.2 張	6.12%	1,024,214 人
2	元大高股息（0056）	92,542.4 張	8.63%	919,670 人
3	元大台灣 50（0050）	9,469.4 張	4.77%	649,101 人
4	國泰台灣 5G+（00881）	17,654 張	4.23%	309,471 人
5	富邦台 50（006208）	3,629 張	4.75%	270,661 人
6	富邦特選高股息 30（00900）	14,219.8 張	13.22%	205,158 人
7	元大台灣高息低波（00713）	7,148.8 張	9.1%	166,004 人
8	中信中國高股息（00882）	22,449.4 張	13.39%	158,838 人
9	元大美債 20 年（00679B）	27,096.2 張	3.73%	152,296 人
10	國泰智能電動車（00893）	12,406.6 張	—	139,022 人

資料來源：玩股網，2023 年 6 月 30 日。

圖表 2-37　台股 ETF 資產規模排行榜（前 10 名）

排名	名稱（代號）	市價	資產規模	近 4 季殖利率
1	元大台灣 50（0050）	129.1 元	3,420.33 億元	6.12%
2	元大高股息（0056）	32.67 元	2,232.74 億元	8.63%
3	國泰永續高股息（00878）	19.25 元	2,064.68 億元	4.77%
4	中信高評級公司債（00772B）	35.52 元	1,018.96 億元	4.23%
5	元大美債 20 年（00679B）	31.59 元	940.12 億元	4.75%
6	元大 AAA 至 A 公司債（00751B）	34.66 元	889.19 億元	13.22%
7	群益投資級金融債（00724B）	33.4 元	868.66 億元	9.1%
8	國泰 A 級公司債（00761B）	37.01 元	854.96 億元	13.39%
9	中信優先金融債（00773B）	35.67 元	775.96 億元	3.73%
10	國泰投資級公司債（00725B）	36.58 元	774.20 億元	—

資料來源：玩股網，2023 年 6 月 30 日。

第 **3** 章

美股 ETF，
最快前進美國市場

「美國是一個長期趨勢向上的市場，波克夏搭上美國順風車，因此能夠一路成長至今，所以永遠不要作空美股。」

——巴菲特

01

馬上持有 4 騎士，
投資最有感

　　美股是臺灣投資人前進海外股市的首選，因為世界各國達到一定規模的企業，多半會選擇在美國上市，投資美股可以接觸到最多具有投資價值的標的，而且許多企業的產品或服務在日常生活中就能看到，並不陌生，例如蘋果（AAPL）、微軟（MSFT）、亞馬遜（AMZN）、輝達（NVDA）、Google（GOOGL）等，都是美股市場 ETF 的重要成分股，投資並持有它們會很有感覺。

　　投資美股 ETF，可以從資產規模較大的市場型，及涵蓋美國公債、風險最小的債券型開始。市場型 ETF 又以追蹤指數區分為兩類，第一種是追蹤標普 500 指數，代表性標的包括先鋒集團發行的 Vanguard 標普 500 ETF（VOO）及安碩（iShares）所發行的 iShares 核心標普 500 指數 ETF（IVV）。

　　另一種則是追蹤整體市場，有 Vanguard 整體股市 ETF（VTI）、iShares 核心標普美股總體市場指數 ETF（ITOT），

和成分股涵蓋全世界的 Vanguard 全世界股票 ETF（VT）。

Vanguard 標普 500 ETF（VOO）

Vanguard 標普 500 ETF（VOO）涵蓋美國證券交易所上市的 500 家大公司，成立於 2010 年，成分股以資訊科技、健康醫療、金融服務、非必需消費品及通訊服務為前 5 大類，持股比例最高的前 3 家標的分別是蘋果（AAPL）7.53%、微軟（MSFT）

圖表 3-1　Vanguard 標普 500 ETF 前 10 大成分股

排名	公司名稱	占比	排名	公司名稱	占比
1	蘋果	7.53%	6	特斯拉	1.87%
2	微軟	6.47%	7	Meta A 股	1.83%
3	亞馬遜	3.09%	8	字母控股 C 股	1.76%
4	輝達	3.00%	9	波克夏 B 股	1.63%
5	字母控股 A 股	2.04%	10	聯合健康保險	1.22%

資料來源：先鋒集團網站，2023 年 8 月 30 日。

圖表 3-2　iShares 核心標普 500 指數 ETF 前 10 大成分股

排名	公司名稱	占比	排名	公司名稱	占比
1	蘋果	7.22%	6	特斯拉	1.84%
2	微軟	6.48%	7	字母控股 C 股	1.84%
3	輝達	3.20%	8	Meta A 股	1.75%
4	亞馬遜	3.19%	9	波克夏 B 股	1.69%
5	字母控股 A 股	2.12%	10	聯合健康保險	1.22%

資料來源：安碩網站，2023 年 8 月 30 日。

6.47％ 及亞馬遜（AMZN）3.09％。

　　Vanguard 標普 500 ETF（VOO）是少數會配息的美股 ETF，
每年的 3 月、6 月、9 月及 12 月配息，2022 年整年度合計配息
5.94 美元，2023 年至今已經配息 2 次，分別為 3 月的 1.49 美元
及 6 月的 1.58 美元。

iShares 核心標普 500 指數 ETF（IVV）

　　iShares 核心標普 500 指數 ETF（IVV）成立於 2000 年，目
前資產規模約 3,552 億美元，因為同樣追蹤標普 500 指數，所以

**圖表 3-3　Vanguard 標普 500 ETF 與 iShares 核心標普
　　　　　　500 指數 ETF 股價走勢圖**

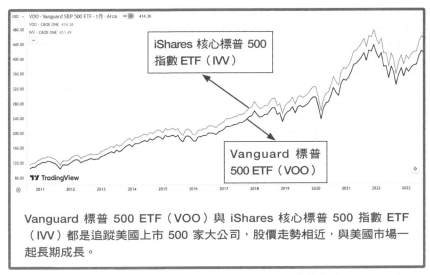

Vanguard 標普 500 ETF（VOO）與 iShares 核心標普 500 指數 ETF
（IVV）都是追蹤美國上市 500 家大公司，股價走勢相近，與美國市場一
起長期成長。

資料來源：TradingView。

成分股與 Vanguard 標普 500 ETF（VOO）大同小異，只是占比不同，兩者之間就像台股裡的元大台灣 50（0050）及富邦台 50（006208）。

投資績效上，截至 2023 年 7 月 31 日為止，投資 1 年的報酬率為 12.98％、3 年為 46.91％、5 年為 77.53％、10 年為 228.06％，從成立至今的總報酬率為 385.50％。穩定於每年 3 月、6 月、9 月、12 月發放股利，殖利率多半落在 0.3％～0.4％之間。

Vanguard 整體股市 ETF（VTI）

Vanguard 整體股市 ETF（VTI）成立於 2001 年，追蹤的是 CRSP 美國全市場指數（CRSP US Total Market Index），成分股中有大型股、也有中小型個股，前 5 大產業為電子通訊、非必需消費品、工業、醫療保健及金融，總共超過 3,800 檔。

圖表 3-4　Vanguard 整體股市 ETF 前 10 大成分股

排名	公司名稱	占比	排名	公司名稱	占比
1	蘋果	6.52%	6	特斯拉	1.60%
2	微軟	5.54%	7	Meta A 股	1.56%
3	亞馬遜	2.59%	8	字母控股 C 股	1.47%
4	輝達	2.44%	9	波克夏 B 股	1.39%
5	字母控股 A 股	1.75%	10	聯合健康保險	1.05%

資料來源：先鋒集團網站，2023 年 8 月 30 日。

　　Vanguard 整體股市 ETF（VTI）也是採取季配息的 ETF，固定於每年 3 月、6 月、9 月及 12 月配息，殖利率多半落在 0.4% 上下。截至 2023 年 7 月 31 日的投資報酬率，投資 1 年為 12.58%、3 年為 44.36%、5 年為 71.18%、10 年為 212.50%，從發行至今的累積報酬率為 476.13%。

iShares 核心標普美股總體市場指數 ETF（ITOT）

　　iShares 核心標普美股總體市場指數 ETF（ITOT）成立於 2004 年，追蹤指數為標普全市場指數（S&P Total Market Index），目前資產規模為 456.7 億美元。持股狀況與其他幾檔美股市場型 ETF 相似，前 5 大產業為資訊科技 26.37%、健康醫療 13.16%、金融 13.08%、非必需消費品 10.75% 及工業類股

圖表 3-5　iShares 核心標普美股總體市場指數 ETF 前 10 大成分股

排名	公司名稱	占比	排名	公司名稱	占比
1	蘋果	6.18%	6	特斯拉	1.57%
2	微軟	5.54%	7	字母控股 C 股	1.57%
3	輝達	2.74%	8	Meta A 股	1.50%
4	亞馬遜	2.74%	9	波克夏 B 股	1.45%
5	字母控股 A 股	1.82%	10	聯合健康保險	1.04%

資料來源：安碩公司網站，2023 年 8 月 30 日。

9.82％，總共追蹤 3,266 檔標的。

配息頻率為 1 季 1 次，於每年 3 月、6 月、9 月及 12 月發放股利，殖利率維持在 0.4％ 左右。報酬率方面，投資 1 年的績效為 12.61％、3 年為 44.27％、5 年為 70.86％、10 年為 214.22％，從發行至今的累積報酬率為 474.92％。

圖表 3-6　Vanguard 整體股市 ETF 與 iShares 核心標普美股總體市場指數 ETF 股價走勢圖

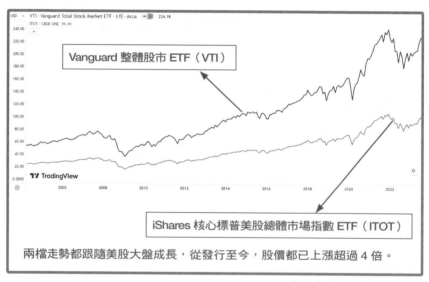

資料來源：TradingView。

Vanguard 全世界股票 ETF（VT）

想要完全分散選股風險的投資人，就可以選擇 Vanguard 全世界股票 ETF（VT），它追蹤的是全世界股市的上市公司，成

分股數量高達 9,536 檔，但分散風險的另一面，即是獲利也會很分散。

　　Vanguard 全世界股票 ETF（VT）成立於 2008 年，比 Vanguard 標普 500 ETF（VOO）還早 2 年，成分股以美國為首，比例達 60.5％，其次是日本 6.2％、英國 3.8％、中國 3.3％、加拿大 2.8％ 等，成立至今淨值已經 5 倍跳。由於全世界的大型企業，仍以美國居多，所以它的前 10 大成分股自然也都是美國企業，只是占比有些微差異。

　　投資績效上，截至 2023 年 7 月 31 日的報酬率，投資 1 年為 12.62％、3 年為 35.85％、5 年為 48.46％、10 年為 132.24％，從發行至今的累積報酬率為 179.27％，近年股價已突破 100 美元。

圖表 3-7　Vanguard 全世界股票 ETF（VT）股價走勢圖

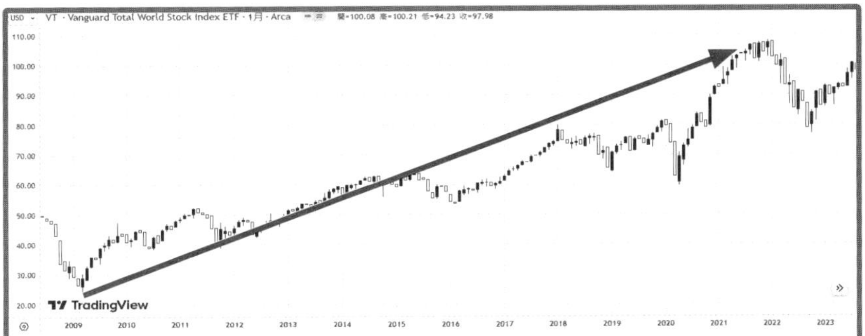

Vanguard 全世界股票 ETF（VT）成分股涵蓋全球，但因世界上的大型公司多半集中在美國，因此走勢與美股大盤相近，股價自成立至今已達 2 倍。

資料來源：TradingView。

圖表 3-8　Vanguard 全世界股票 ETF 前 10 大成分股

排名	公司名稱	占比	排名	公司名稱	占比
1	蘋果	3.92%	6	特斯拉	0.99%
2	微軟	3.34%	7	Meta A 股	0.94%
3	亞馬遜	1.61%	8	字母控股 C 股	0.91%
4	輝達	1.48%	9	波克夏 B 股	0.72%
5	字母控股 A 股	1.07%	10	聯合健康保險	0.63%

資料來源：先鋒集團網站，2023 年 8 月 30 日。

圖表 3-9　5 檔美股及全球市場型 ETF 績效表現

名稱 （代號）	Vanguard 標普 500 指數 ETF （VOO）	iShares 核心標普 500 指數 ETF（IVV）	Vanguard 整體股市 ETF（VTI）	iShares 核心標普 美股總體 市場指數 ETF （ITOT）	Vanguard 全世界 股票 ETF （VT）
投資 1 年	12.94%	12.98%	12.58%	12.61%	12.62%
投資 3 年	46.93%	46.91%	44.36%	44.27%	35.85%
投資 5 年	77.45%	77.53%	71.18%	70.86%	48.46%
投資 10 年	227.85%	228.06%	212.50%	214.22%	132.20%
成立至今 總績效	438.47%	385.50%	476.13%	474.92%	179.27%

資料來源：各檔 ETF 發行公司網站，2023 年 8 月 30 日。

02

美債績效較差，
但股災時大豐收

　　涵蓋美國公債的 ETF，是目前全世界公認「最安全」的投資標的，美國大部分的債券型 ETF，成分股都會納入美國公債。此外，也有全球性的債券型 ETF，投資區域涵蓋世界各區域和國家，更全面的分散債券投資風險，達到資產配置降低投資組合波動目的。以下介紹目前較多投資人選擇的標的。

Vanguard 總體債券市場 ETF（BND）

　　Vanguard 總體債券市場 ETF（BND）成立於 2007 年，追蹤指數為 Bloomberg Barclays US Aggregate Float Adjusted Total Return Index，買進美國公債的占比 66.9%，AAA 至 BBB 等 4 個投資等級的公司債占比 33.1%，持債數量達 10,476 檔。

　　截至 2023 年 7 月 31 日，投資 1 年的報酬率為負 3.21%、3 年為負 12.98%、5 年為 4%、10 年為 15.6%，從成立至今的報酬率則為 58.65%。配息方面，雖然穩定每月發放，但殖利率僅

維持在 0.25% 上下。

iShares 20 年期以上美國公債 ETF（TLT）

iShares 20 年期以上美國公債 ETF（TLT）成立於 2002 年，追蹤 ICE 美國公債 20 年期以上指數，是一檔長年期的債券型 ETF，淨值約 400 億美元。

成分股包括 20 年期以上的美國公債，占比 92.84%，及 15 年至 20 年期的美國公債 5.63%。同樣採取月配息，殖利率固定為 0.25% 上下；截至 2023 年 7 月 31 日為止的投資績效，1 年的報酬率為負 12.32%、3 年為負 37.87%、5 年為負 7.08%、10 年為 17.99%，從成立至今的報酬率則為 143.47%。

iShares 1-3 年期美國公債 ETF（SHY）

iShares 1-3 年期美國公債 ETF（SHY）同樣成立於 2002 年，追蹤指數為 ICE 美國公債 1～3 年期指數，淨值約為 400 億美元。

投資績效方面，截至 2023 年 7 月 31 日為止，投資 1 年的報酬率為負 12.32%、3 年為負 14.67%、5 年為負 1.46%、10 年為 1.67%，從成立至今的報酬率則為 4.32%。配息頻率為每月 1 次，殖利率穩定在 0.2% 上下。

Vanguard 總體國際債券 ETF（BNDX）

Vanguard 總體國際債券 ETF（BNDX）追蹤 Bloomberg Global Aggregate ex-USD Float Adjusted RIC Capped Index（USD Hedged），成立於 2013 年，是一支成分股以日本為首的 ETF，前 5 大區域分別為日本 14.3％、法國 12％、德國 10.7％、義大利 7.6％ 及英國 6.8％，在大多數 ETF 涵蓋區域居首位的美國，在這檔 ETF 裡排名第 11，只占 3.1％。

Vanguard 總體國際債券 ETF（BNDX）同樣為月配息，但殖利率長期僅約 0.15％ 上下。投資績效至 2023 年 7 月 31 日為止，1 年的報酬率為負 2.86％、3 年為負 10.62％、5 年為 1.29％、10 年為 21.81％，從成立至今的報酬率則為 21.08％。

Vanguard 全世界債券 ETF（BNDW）

Vanguard 全世界債券 ETF（BNDW）則是一檔很年輕的 ETF，2018 年成立至今只有 5 年時間，前 5 大持股區域為美國48.7％、日本 7.3％、法國 6％、德國 5.4％ 及英國 3.9％；買進標的包括美國公債 34.1％、投資等級 AAA 至 A 的公司債 49.1％，BBB 等級公司債 16.5％，低於 BBB 等級公司債 0.7％，持債總共 17,450 檔。

配息頻率為 1 個月 1 次，殖利率長期維持在 0.2％ 上下；投資績效至 2023 年 7 月 31 日為止，1 年的報酬率為負 3.12％、3 年為負 11.81％、從成立至今的報酬率則為 2.39％。

單獨看每一檔債券型 ETF 的績效，只要投資年數在 5 年以下的，報酬率多半是負值，會讓人覺得並不值得投資。但債券型 ETF 的投資目的，並不是為了和股票比績效，而是為了平衡整體投資市場的波動，當股災來臨時，可以轉守為攻。

我自己偏好的是 Vanguard 全世界債券 ETF（BNDW），它是投資全世界債券型 ETF，可以降低單一市場風險，標的涵蓋穩定的美國公債，也包括配息較高的公司債，選擇這一支 ETF，就

圖表 3-10　5 檔美股債券型 ETF 績效表現

名稱（代號）	Vanguard 總體債券市場 ETF（BND）	Vanguard 總體國際債券 ETF（BNDX）	Vanguard 全世界債券 ETF（BNDW）	iShares 20 年期以上美國公債 ETF（TLT）	iShares 1-3 年期美國公債 ETF（SHY）
投資 1 年	-3.21%	-2.86%	-3.12%	-12.32%	-12.32%
投資 3 年	-12.98%	-10.62%	-11.81%	-37.87%	-14.67%
投資 5 年	4.00%	1.29%	—	-7.08%	-1.46%
投資 10 年	15.60%	21.81%	—	17.99%	1.67%
成立至今總績效	58.65%	21.08%	2.39%	143.47%	4.32%

註 1：資料來源：各檔 ETF 發行公司網站，2023 年 8 月 30 日。
註 2：Vanguard 全世界債券 ETF（BNDW）成立未滿 5 年，因此只有投資 1 年及 3 年的績效數據。

等於買進一籃子的全球整體債券市場，包括 51.3％ 的 Vanguard 總體債券市場 ETF（BND）及 48.7％ 的 Vanguard 總體國際債券 ETF（BNDX）（根據 2023 年 7 月 5 日資料）。

　　我布局 Vanguard 全世界債券 ETF（BNDW）的目的，是以它為債券型 ETF 的配速員，定期將各個債券型 ETF 和它比績效，汰弱留強，不過由於它在 2018 年 9 月 4 日才成立，歷史資料不多，因此目前是採取每年年底定期比績效的方式進行。

圖表 3-11　5 檔美股市場型 ETF 基本資料

名稱	Vanguard 總體債券市場 ETF	iShares 20 年期以上美國公債 ETF	iShares 1-3 年期美國公債 ETF	Vanguard 總體國際債券 ETF	Vanguard 全世界債券 ETF
代號	BND	TLT	SHY	BNDX	BNDW
發行公司	先鋒集團	安碩	安碩	先鋒集團	先鋒集團
成立日期	2007 年 4 月 3 日	2002 年 7 月 22 日	2002 年 7 月 22 日	2013 年 5 月 31 日	2018 年 9 月 4 日
標的指數	Bloomberg Barclays U.S. Aggregate Float Adjusted Total Return Index	ICE 美國公債 20 年期以上指數	ICE 美國公債 1～3 年期指數	Bloomberg Global Aggregate ex-USD Float Adjusted RIC Capped Index (USD Hedged)	Bloomberg Global Aggregate Float Adjusted Composite Index
總管理費用	0.03%	0.15%	0.15%	0.07%	0.05%
資產規模	2,988 億美元	407.28 億美元	260.21 億美元	867 億美元	6.79 億美元
配息頻率	月配息	月配息	月配息	月配息	月配息

資料來源：MoneyDJ 理財網，2023 年 8 月 31 日。

03

投資海外 ETF 的兩種管道

買進海外 ETF，例如 Vanguard 全世界股市 ETF（VT）、Vanguard 標普 500 指數 ETF（VOO）、Vanguard 全世界債券 ETF（BNDW）的理由，是避免僅投資單一國家，將風險最大化的分散在全世界，另外美國市場的 ETF 內扣成本也比臺灣市場的 ETF 低。

現在投資海外 ETF 的管道，包括透過國內券商複委託，及直接在海外券商開戶，兩者各有優劣勢，大家可以依照自己的投資需求選擇管道。

透過國內券商複委託，有金管會監督

複委託是透過具有海外證券複委託資格的國內券商，下單買進海外股票和 ETF，因為投資人必須先向國內券商下單，再由國內券商向國外證券交易所下單，有兩次下單的流程而被稱為「複」委託。

　　這個方法的優點在於，國內合法券商複委託受到金融監督管理委員會（簡稱金管會）的監督，投資帳戶須繼承或過戶時，按照財政部稅務規定辦理即可，沒有其他複雜的程序。而缺點是有交易手續費，平均落在 0.15％～1％，部分券商為了吸引投資人加入，會推出手續費優惠，例如國泰證券推出美股 ETF 手續費不限股數每筆 3 美元，而永豐金證券豐存美股的手續費率則是 0.18％，建議大家可以多比較。

　　複委託買賣美國市場的 ETF 也可以採取定期定額，因此也能買進不足 1 股的「碎股」，買賣標的建議必須符合中長期投資原則，且根據金管會法令規定，僅限於「原形」（指 ETF 表現和追蹤指數的走勢一致，無多空方向、亦無槓桿倍數，不是使用金融衍生產品去追蹤的 ETF）ETF，具有槓桿或放空效果的都不列入投資選項。

直接在海外券商開戶，手續費低

　　若是選擇直接在海外券商開戶交易，臺灣投資人面臨的第一問題是：該找哪一家券商？目前已經有一些外國券商的網站提供中文介面，也提供中文線上客服，線上開戶流程簡單方便，遇到問題時也能快速獲得協助解決，包括第一證券（Firstrade，非臺灣第一銀行的第一金證券）、盈透證券（Interactive Brokers）、富途證券（FUTU）、嘉信證券（Charles Schwab），每一家各具特色，可以多了解比較後，再選擇適合自己的券商。

在海外券商直接交易的另一個優點是，多數券商提供交易免手續費，每年進行股債資產再平衡時，可降低交易成本；但缺點是遺產繼承時，繼承人要有外語能力和時間處理在海外券商內的遺產。此外，由於資金匯到海外券商交割帳戶的電匯成本不低（大約新臺幣 800 元左右），最好一次匯足投資海外的資金，也就表示必須一次準備大筆金額，無法慢慢投入資金。

綜合上述，國內券商複委託可以定期定額投資、提供複委託交易手續費優惠，而且未來不會有遺產繼承問題，我自己的選擇是藉由國內券商複委託來投資海外 ETF。

圖表 3-12　國內券商複委託與海外券商開戶比較

比較項目	國內券商複委託	在海外券商開戶
金管會監督	有	無
交易手續費	有	無
遺產繼承程序	較簡單，依財政部稅務規定辦理。	較複雜，要有外語能力和時間處理。
匯入資金成本	無	每次電匯成本約新臺幣 800 元。
定期定額投資	有，可以買進不足 1 股的「碎股」。	無定期定額投資。

圖表 3-13　4 大海外券商比較

券商	開戶流程及操作介面	支援服務	手續費	適合對象
第一證券（Firstrade）	簡單	・繁體中文網頁 ・電話客服 ・線上客服	0 元	投資新手。
盈透證券（Interactive Brokers）	比較複雜	・簡體中文網頁 ・電話客服 ・線上客服	階梯式（根據交易金額）	專業投資機構多使用盈透證券，適合專業的投資人。
富途證券（FUTU）	簡單	・繁體中文網頁 ・電話客服 ・線上客服	美股和 ETF 每股 0.0049 美元，最低 0.99美元	手機介面友善，適合使用手機交易的投資人。
嘉信證券（Charles Schwab）	比較複雜	・繁體中文網頁 ・電話客服	0 元	適合使用嘉信理財集團一站式服務的投資人。

圖表 3-14　第一證券（Firstrade）開戶流程說明

由於第一證券的開戶流程與操作介面較簡單，且具備提供繁體中文網頁、電話客服、線上客服，交易手續費 0 元等特點，適合投資新手，因此我選擇在此開戶，並作為範例，說明開戶流程。（本畫面為 2023 年第一證券開戶版本，因為開戶流程與介面時有更新，請以實際操作畫面為主。）

● 登記開戶資料

（1）進入第一證券官網，點按「立即開戶」；（2）輸入手機號碼後點按「獲取驗證碼」，輸入驗證碼後點按「繼續」；（3）輸入公民身分及出生國後點按「下一步」；（4）上傳仍在有效期內的護照照片頁及簽名頁，再點按「下一步」；（5）填寫基本資料，居住地址須完整且為英文，填寫完成後點按「保存，下一步」。

（接下頁）

申請國際賬戶僅需幾分鐘

$0佣金，$0期權合約費。無賬戶最低存款要求。

短信	語音

❷

+886 ∨	手機號碼	獲取驗證碼

驗證碼

繼續

開戶前的準備

公民身份

Taiwan 台灣 × ∨

❸ **出生國**

選擇 ∨

仍在有效期內的護照

完整居住地址（需英文翻譯）

完成整個開戶流程僅需3分鐘，請點擊下一步開始

下一步

（接下頁）

① 身份驗證 ──────── ② 完善信息 ──────── ③ 設置登入

❹

請確保護照圖像完整並包括護照下方的辨識條碼

點擊上傳護照照片頁

P<XXXXXX<<XXXX<XXXXX
12345678XX12345678XXXXXXXX

請確認您已在"持照人簽名"處簽名

XXXXXX012

點擊上傳護照簽名頁

持照人簽名 (SIGNATURE OF BEARER)

下一步

FIRSTRADE

證券投資服務始於1985
FINRA/SIPC會員

✓ 身份驗證 ──────── ❷ 完善信息 ──────── ③ 設置登入

❺

證件姓 (英文填寫)

證件名 (英文填寫)

（接下頁）

生日日期 (年年年年-月月-日日)

性別

○ 男　　○ 女

護照號碼

簽發國家

選擇 ⌄

● 設定帳號及密碼

（6）設定登入時的帳號、密碼和 PIN 碼。PIN 碼是由 4 位數構成的通行碼，第一次登入時會要求輸入，用來驗證使用者身分，設定完成後點擊「保存，下一步」。

FIRSTRADE

證券投資服務始於1985
FINRA/SIPC會員

✓ 身份驗證 ────── ✓ 完善信息 ────── ③ 設置登入

❻ 設置登錄用戶名

設置登入密碼

（接下頁）

二次輸入登入密碼

設置4位PIN碼

二次輸入PIN碼

請牢記您的登入信息

保存，下一步

● 簽署帳戶協議書

（7）閱讀數位簽名用戶須知後，點擊手寫中文數位簽名，請用滑鼠簽名，記得要跟護照上的簽名一致；（8）最後點擊「提交開戶申請」，開戶申請審核通過，券商會以電子郵件通知。

FIRSTRADE　　　　　證券投資服務始於1985
FINRA/SIPC會員

賬戶協議確認簽署

數位簽名用戶須知

我同意，在賬戶申請過程中，通過數字或者電子的方式簽署相關協議與我通過手寫的方式進行的簽署具有同等的法律效力與約束力。

a) 我亦同意，在進入或進行任何交易操作過程中，通過使用鍵盤、鼠標或其他任何電子設備點擊按鈕、圖標等操作選項任何協議、承諾、條款、披露或任何包含我簽名、接受、同意的文件的操作，均視為我的親筆書面簽名。

b) 我的任何電子簽名均被視為書面墨水簽名。在本賬戶項下正常開戶、交易過程中所產生的所有打印及使用的以電子簽名等署的文件均視為文件原件。

（接下頁）

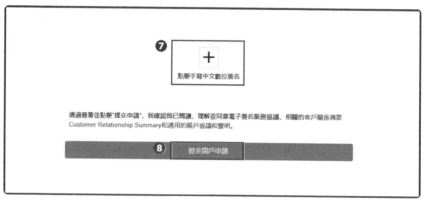

資料來源：第一證券網站。

第 4 章

5 大指標找買點，
半年報酬率 15%

「指數型基金幫我們過濾掉經理人的選擇錯誤，只
留下市場風險需要承擔。」

——約翰・柏格

01

市場型賺價差、高股息領月月配

　　指數型基金之父柏格認為，投資講求的是常識，並不需要複雜的方法，因此我轉變為以 ETF 為主要投資方向後，做法也非常簡單，一樣只有 3 個步驟：第一步挑選 ETF；第二步尋找買進時機點；第三步定期檢視績效。

　　挑選 ETF 時，首先決定要追蹤哪一種指數，**我的建議是以市場型為首選，從中挑出低內扣成本的標的，再看配息的頻率及月分**，建立出每個月都能領到配息的 ETF 組合，若選出的 ETF 也是借券（詳見第 6 章第 3 節）熱門標的會更好。

追蹤整體市場指數為主，再挑高股息及債券型

　　投資最重要的一件事情，是要先問自己的投資目標，想儲備退休金、買房買車，還是存孩子的教育金，確立目標後，再加入風險和報酬率的考量，就可以排除和目標不同的投資工具。

　　我的目標是追求每個月穩定的被動收入，讓自己可以放心把

圖表 4-1　阿福的 ETF 投資 3 步驟

步驟 1：選 ETF	條件1.　追蹤整體市場指數
	條件2.　低內扣成本
	條件3.　配息高及借券熱門標的
步驟 2：找買點	長期指標 1.　景氣對策信號
	長期指標 2.　巴菲特指標
	長期指標 3.　聯邦基金利率
	短期指標 1.　技術指標 K 值
	短期指標 2.　殖利率
步驟 3：與配速員比績效	1. 股票型 ETF 與全世界股市 ETF（VT）比年化報酬率
	2. 債券型 ETF 與全世界債券 ETF（BNDW）比年化報酬率

時間精力交付在完成夢想這件事上，根據 Trinity Study（由美國三一大學〔Trinity University〕三位教授共同發表的研究）提出的「4% 法則」，每年從退休帳戶提領出 4% 的金額，來維持一整年的生活開銷，帳戶內資產繼續投資，是最簡單的退休金規畫方式，而要實踐這個方法，以 ETF 為主的投資又最符合我的目標，因為投資相對簡單，可以節省個股研究的時間和心力。

台股目前上市櫃的 ETF 有超過 230 檔，我是以追蹤整體市場指數的標的為首選，因為只要確認市場長期成長，投資就可以使用「買進—持有」策略，遇到股價下跌時，都是加速買進的機

會。臺灣 50 指數與台股市場連動，標普 500 指數與美股市場連動，選擇全世界股票型 ETF，就可以完全分散持有。

　　除了挑選市場型 ETF 外，投資人還可以根據人生不同階段對於配息現金流的需求，挑選高股息 ETF 和債券型 ETF。雖然市場型 ETF 的長期績效高於高股息 ETF，但就殖利率來看，高股息 ETF 優於市場型 ETF，能夠提供更多的現金流。因此，建議退休前以市場型 ETF 為優先，例如元大台灣 50（0050），追求資產成長，因為這個階段還有穩定的工作收入，可以承受較高的波動風險。退休後便以高股息 ETF 和債券型 ETF 為優先，例如國泰永續高股息（00878）和元大投資級公司債（00720B），這時因為少了工作收入，對於波動風險的承受度較低，必須追求現金流穩定。

　　債券型 ETF 主要分為美國公債 ETF 和投資級公司債 ETF，美國公債的風險最小，優於投資級公司債，但投資級公司債的殖利率高於美國公債，建議退休前以美國公債為優先，例如元大美債 20 年（00679B），使用風險最小的美國公債和股票進行資產配置，以降低市場波動風險為目的。退休後即可以投資級公司債為優先，例如元大投資級公司債（00720B），以追求現金流穩定為目的。

　　至於近年越來越熱門的電動車或半導體等單一產業型的 ETF，由於挑選這些 ETF 要花費的功夫和挑選個股一樣，也必須研究這個產業的專業技術、發展狀況，甚至是全球趨勢，但又無

圖表 4-2　退休前後如何選擇 ETF

階段	退休前	退休後
目標	追求資產成長，可承受較高的風險。	風險承受度較低，應追求現金流穩定。
ETF 標的	・市場型 ETF，例如：元大台灣 50（0050）、富邦台 50（006208）。 ・美國公債型 ETF，例如：元大美債 20 年（00679B）、富邦美債 20 年（00696B）。	・高股息 ETF，例如：國泰永續高股息（00878）、富邦特選高股息 30（00900）。 ・投資級公司債 ETF，例如：元大投資級公司債（00720B）、國泰投資級公司債（00725B）。

法取得趨近大盤的績效，不符合我的投資目標，所以我既沒有投資，也不推薦。

內扣成本以「天」計算，務必越低越好

　　ETF 會按照追蹤指數定期調整成分股，因此會產生手續費、證交稅；另外按照公開說明書規定，也會產生經理費、保管費、指數授權費等費用。這些費用會從 ETF 的淨值中扣除，稱為內扣成本。

　　ETF 淨值是指 ETF 組合當中，所有資產的市值加總除以發行總單位數，ETF 淨值扣除內扣成本後，才是投資人真正的獲

圖表 4-3　臺灣受益人數前 10 名 ETF 內扣成本比較

名稱（代號）	手續費及交易稅等直接成本比例	經理費、保管費及其他項目費用比例	總內扣成本比例
國泰永續高股息（00878）	0.17%	0.32%	0.50%
元大高股息（0056）	0.44%	0.42%	0.86%
元大台灣50（0050）	0.02%	0.41%	0.43%
國泰台灣5G+（00881）	0.03%	0.47%	0.51%
富邦台50（006208）	0.01%	0.23%	0.24%
富邦特選高股息30（00900）	1.07%	1.63%	2.70%
元大台灣高息低波（00713）	0.24%	0.38%	0.62%
中信中國高股息（00882）	0.75%	0.72%	1.46%
元大美債20年（00679B）	0%	0.21%	0.22%
國泰智能電動車（00893）	0%	1.18%	1.14%

註：資料為 2022 年整年度費用比例。

資料來源：中華民國證券投資信託暨顧問商業同業公會網站。

利，若是沒注意或忽略內扣成本，長期下來會是一筆很可觀的支出，影響投資績效，這是為什麼柏格要選擇低成本指數型基金的原因。

> ETF 淨值（所有資產市值總和÷發行總單位數）－內扣成本＝真正的獲利

投信收取的基金管理費用包括交易直接成本（手續費、證交稅、基金申購買回交易費），加上會計認列支出費用（經理費、保管費、保證費及其他項目費用），其中會計認列的**費用是每天從淨值扣除，不是一季或一年扣一次，也就是持股時間越長、費用越高，對績效的影響越大**。

以元大台灣 50（0050）和富邦台 50（006208）為例。元大台灣 50（0050）2022 年的總內扣費用率為 0.43％，若是投資 100 萬元買進並持有 1 年，必須繳交 4,300 元（100 萬元×0.43％＝4,300 元）；富邦台 50（006208）2022 年的總內扣費用率為 0.24％，同樣投資 100 萬元並持有 1 年，內扣成本是 2,400 元（100 萬元×0.24％＝2,400 元）。這兩檔 ETF 同樣追蹤臺灣 50 指數，績效理應相同，但從低管理成本的角度來選擇時，富邦台 50（006208）會優於元大台灣 50（0050）。

圖表4-4　查詢臺灣 ETF 內扣費用

　　臺灣投信業者發行的 ETF，可在中華民國證券投資信託暨顧問商業同業公會網站（https://www.sitca.org.tw/）上查詢內扣費用，查詢路徑為（1）統計資料；（2）境內基金各項資料；（3）明細資料。

　　進入頁面後，在「基金資料彙總」項目下點選（4）各項費用比率（月、季、年）。

　　在查詢頁面裡，依順序選擇（5）年分；（6）計算區間（月／季／年）；（7）ETF 發行公司；（8）ETF 標的。下方即會出現完整的內扣項目及比例，總內扣比例會

（接下頁）

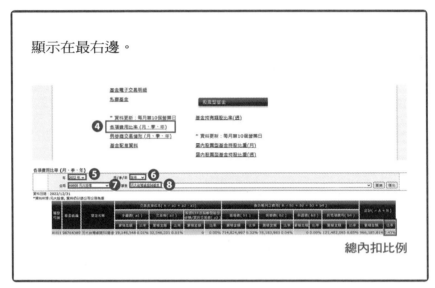

資料來源：中華民國證券投資信託暨顧問商業同業公會。

搭配息和借券，利上加利

　　當包租公，月月領配息，幾乎是每個投資人的期望，因此 ETF 是否配息、配息頻率、殖利率多少，能否提供穩定的現金流，是很重要的選股考量。不管是股票型或債券型 ETF，現在配息週期的主流都是季配息，投資人只要自選 3 檔季配息的 ETF，組成 ETF 組合，就可以達成月月領息的目標。

　　借券是將有價證券出借給其他投資人來賺取利息，這是長期投資人的額外收入來源，如果挑選出來的 ETF 是熱門標的，通常在借券市場裡也會很受歡迎。出借收入是投資股市賺價差、領配息之外的第三種獲利，可惜很多人容易忽略，或根本不知道台

股有借券機制，但只要善加利用，每年幫自己增加一筆旅遊基金不是問題。

　　如果某檔 ETF 是我的投資組合標的，該時期又是借券市場裡的大熱門，都會給我加速買進的動力，因為只要有人想借，手中持有的張數越多，能借出去的張數便越多，出借利息收入也相對更多。

圖表 4-5　阿福的高股息及債券型 ETF 配息週期表

名稱（代號）	1月	2月	3月	4月	5月	6月	7月	8月	9月	10月	11月	12月
元大高股息（0056）	✓			✓			✓			✓		
國泰永續高股息（00878）		✓			✓			✓			✓	
元大台灣高息低波（00713）			✓			✓			✓			✓
元大投資級公司債（00720B）	✓			✓			✓			✓		
元大美債 20 年（00679B）		✓			✓			✓			✓	
元大 AAA 至 A 公司債（00751B）			✓			✓			✓			✓

02

看景氣對策信號進出場，
藍燈買紅燈賣

挑選出適合的 ETF 後，第二步便是找低檔區間買進。臺灣市場的 ETF，我以景氣對策信號為指標。

景氣對策信號是由國發會發布，用來推測未來景氣的方式，使用 5 種不同顏色的燈號，包括紅燈、黃紅燈、綠燈、黃藍燈、藍燈，來代表景氣過熱或衰退。國發會每月 27 日左右即會公布前一個月的景氣對策信號，可透過景氣指標查詢系統（https://index.ndc.gov.tw/n/zh_tw）查詢。

景氣對策信號代表臺灣整體經濟狀況，提供投資人一個大方向的指引，運用在找買賣點時，即是**景氣亮藍燈時加速買進，亮紅燈時減速或賣出持股，適用於和大盤連動性高的 ETF**，包括元大台灣 50（0050）和富邦台 50（006208）投資操作。

2021 年底我出第一本書時，當時的景氣燈號徘徊在紅燈及黃紅燈，因此書中內容皆為探討景氣燈號亮紅燈時的股市走勢，包括 2010 年的金融海嘯及 2020 年新冠肺炎疫情後復甦時期。本

書出版時正值景氣燈號持續在藍燈，我將以歷年景氣燈號藍燈時的股市走勢說明。

圖表 4-6　景氣對策信號的燈號與分數對應

燈號	藍燈	黃藍燈	綠燈	黃紅燈	紅燈
分數	9～16 分	17～22 分	23～31 分	32～37 分	38～45 分
景氣狀況	低迷	轉向穩定或轉向低迷	穩定	轉向穩定或轉向熱絡	熱絡

資料來源：國家發展委員會景氣指標查詢系統。

● 2022 年股災：通膨升息

受到俄烏戰爭、通貨膨脹影響，美國聯準會自 2022 年 3 月展開升息以抑制通膨危機，國際股市從 2022 年初的高點，一路下挫至年中。

臺灣市場自然無法幸免，景氣燈號在 2022 年 1 月從紅燈轉為黃紅燈，3 月轉為綠燈，9 月及 11 月分別再轉為黃藍燈及藍燈，景氣分數更是只剩下 12 分，台股也在 10 月 20 日創波段新低 12,698.91 點（見右頁圖表 4-7、第 142 頁圖表 4-8）。

這個時期我已經退休，遵守景氣燈號亮藍燈時加速投資，全年累計共買進了 9 張富邦台 50（006208），2023 年 1 月至 2023 年 7 月，更利用定期定額投資，加速再買進 9 張富邦台 50（006208）、2 張元大台灣 50（0050），以 2023 年 7 月 31 日收

盤價計算，含息報酬率大約 15%。

圖表 4-7　2022 年台股月收盤指數與景氣燈號關係

時間	景氣對策信號	景氣分數	月收盤指數
2022 年 1 月	黃紅燈	36	17,674.40 點
2022 年 2 月	黃紅燈	34	17,652.18 點
2022 年 3 月	綠燈	31	17,963.47 點
2022 年 4 月	綠燈	28	16,592.18 點
2022 年 5 月	綠燈	28	16,807.77 點
2022 年 6 月	綠燈	27	14,825.73 點
2022 年 7 月	綠燈	24	15,000.07 點
2022 年 8 月	綠燈	23	15,095.44 點
2022 年 9 月	黃藍燈	17	13,424.58 點
2022 年 10 月	黃藍燈	18	12,949.75 點
2022 年 11 月	藍燈	12	14,879.55 點
2022 年 12 月	藍燈	12	14,137.69 點

資料來源：國家發展委員會景氣指標查詢系統。

圖表 4-8　2022 年股災時期台股走勢圖

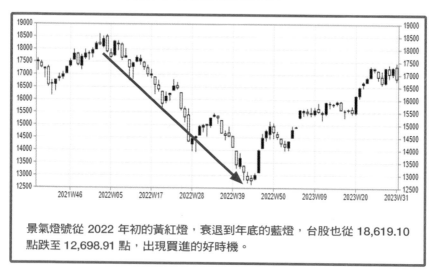

景氣燈號從 2022 年初的黃紅燈，衰退到年底的藍燈，台股也從 18,619.10 點跌至 12,698.91 點，出現買進的好時機。

資料來源：台灣股市資訊網。

2020 年 3 月股災：新冠肺炎疫情

2020 年初，臺灣剛剛爆發新冠肺炎疫情，景氣燈號在 2019 年 10 月從黃藍燈轉至綠燈，但才過了兩個月，景氣分數就往下掉，到達綠燈的下緣（綠燈分數為 23～31 分），瀕臨轉回黃藍燈的臨界點。隨後全球疫情爆發，美股熔斷，台股在 2020 年 3 月 19 日創下波段新低點 8,523.63 點，同年 4 月公布的 3 月分景氣燈號，由綠燈轉為黃藍燈，此燈號數據公布相較台股低點相差一個月的時間（見右頁圖表 4-9）。

此次股市下跌很短暫就反彈上來，景氣燈號也在出現 5 個月黃藍燈後就轉為綠燈，並未繼續衰退至藍燈，3 月出現的股

圖表 4-9　2020 年 1 月至 8 月台股月收盤指數與景氣燈號關係

時間	景氣對策信號	景氣分數	月收盤指數
2020 年 1 月	綠燈	25	11,495.10 點
2020 年 2 月	綠燈	24	11,292.17 點
2020 年 3 月	黃藍燈	20	9,708.06 點
2020 年 4 月	黃藍燈	19	10,992.14 點
2020 年 5 月	黃藍燈	19	10,942.16 點
2020 年 6 月	黃藍燈	19	11,621.24 點
2020 年 7 月	黃藍燈	21	12,664.80 點
2020 年 8 月	綠燈	26	12,591.45 點

資料來源：國家發展委員會景氣指標查詢系統。

市低點是加速買進的好時機，後來展開多頭行情，上漲至 2022 年 1 月 5 日的 18,619.61 點，共上漲了 10,085.98 點，漲幅高達 118.45％（見第 144 頁圖表 4-10）。

　　當時我尚未退休，元大台灣 50（0050）的投資策略仍在僅參考技術指標 K 值的階段，2020 年 3 月中旬在台股大盤日 K 值＜20 時，共買進 8 張，平均成本 72 元，到 3 月底 K 值＞80 時就全部賣光了，沒想到台股 4 月分就開始回升，持續上漲到 8 月分。也就是在這時我發現，「景氣對策信號」代表臺灣整體經濟狀況，更適合於與大盤連動性高的元大台灣 50（0050）投資操作，我的投資策略才進化為同時參考景氣對策信號及技術指標 K 值。

圖表 4-10　2020 年 1 月至 8 月台股走勢圖

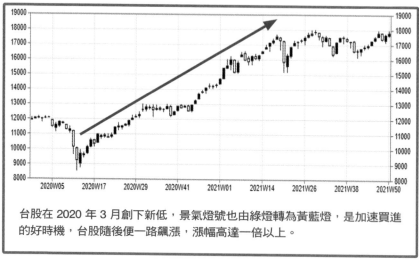

台股在 2020 年 3 月創下新低，景氣燈號也由綠燈轉為黃藍燈，是加速買進的好時機，台股隨後便一路飆漲，漲幅高達一倍以上。

資料來源：台灣股市資訊網。

03

巴菲特指標，買美股者必學

　　巴菲特於 2001 年 12 月在《財星》（*Fortune*）雜誌的專文報導中提到，所有美股總市值除以最新一季國內生產總值（GDP）的數據，可作為判斷整體股市是否過高、或是過低，這個算法後來被投資人廣泛使用，成為知名的「巴菲特指標」。

> 巴菲特指標＝股市總市值÷GDP

　　巴菲特指標是任何時候都適合拿來衡量股市的最好方法，如果比率降到 70％ 或 80％，就是進場的好機會；但如果在比率接近 200％ 時還在買進，就是在玩火。

　　從過去 20 年的數據來看，巴菲特指標在 2008 年和 2009 年的金融海嘯時期，美國標普 500 指數（SPX）從 1,576.09 點狂瀉至 672.88 點，此期間巴菲特指標曾經低到 70％～80％，顯示

圖表 4-11　2008～2009 年金融海嘯時期美股走勢圖

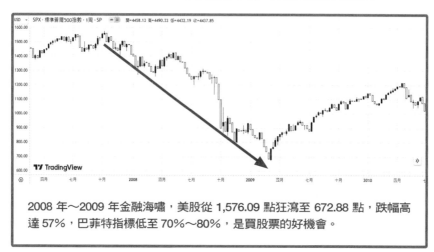

2008 年～2009 年金融海嘯，美股從 1,576.09 點狂瀉至 672.88 點，跌幅高達 57%，巴菲特指標低至 70%～80%，是買股票的好機會。

資料來源：TradingView。

圖表 4-12　2021 年底聯準會寬鬆貨幣政策下的美股走勢圖

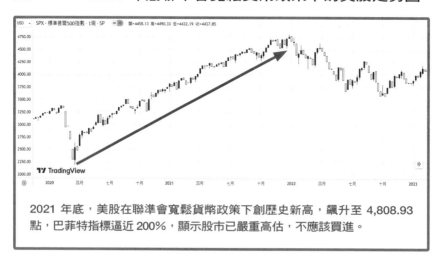

2021 年底，美股在聯準會寬鬆貨幣政策下創歷史新高，飆升至 4,808.93 點，巴菲特指標逼近 200%，顯示股市已嚴重高估，不應該買進。

資料來源：TradingView。

股市嚴重低估，是買股票的好機會。2021 年底時，巴菲特指標曾經接近 200％，當時在美國聯準會寬鬆貨幣政策下，美股創歷史新高，指標評估顯示嚴重高估，便不應該買進（見左頁圖表 4-11、圖表 4-12）。

GuruFocus 網站在 2020 年 12 月 7 日提出新巴菲特指標，在原計算方式再加上中央銀行總資產，主要原因是美國聯邦儲備銀行的資產負債表，會被用來預測經濟週期的變化，貨幣供應量會影響經濟以及個人和企業的消費，進而影響股市。

> 新巴菲特指標＝股市總市值÷（GDP＋中央銀行總資產）

兩種巴菲特指標可以一併在 GuruFocus 網站（https://www.gurufocus.com/stock-market-valuations.php）查詢，當其中一項指標評估合理或低估時，我就會開始買進美股市場型 ETF，下跌越多、買進越多。像是指標最近一次評估合理，是出現在 2020 年 3 月，當時我便採取行動，買進了 Vanguard 標普 500 ETF（VOO），股價果然從 3 月底的低點開始攀升，至 2021 年底才回跌，漲幅超過一倍（見第 148 頁圖表 4-13）。

圖表 4-13　2021 年巴菲特指標與新巴菲特指標評估表

巴菲特指標	新巴菲特指標	評估
指標＜77%	指標＜64%	嚴重低估
77%＜指標＜99%	64%＜指標＜82%	低估
99%＜指標＜120%	82%＜指標＜101%	合理
120%＜指標＜142%	101%＜指標＜119%	高估
142%＜指標	119%＜指標	嚴重高估

圖表 4-14　2003 年 8 月至 2023 年 7 月的巴菲特指標及新巴菲特指標

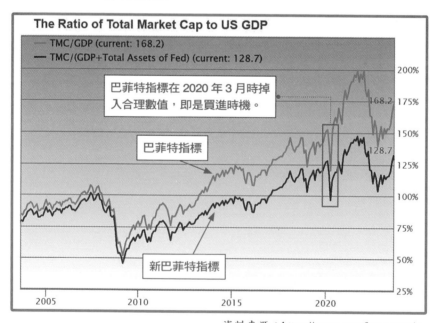

資料來源：https://www.gurufocus.com/。

04

美國央行停止升息就買債券

　　投資債券，不管是公債或公司債，都是持有期間按照債券發行時，印在票面上的利率定期領取利息，到期日領回本金，因此只要債券發行者信用良好、不會違約，就可以安心投資，其中唯一的變數，便是聯邦基金利率的高低。

　　債券型 ETF 的主要投資風險是利率變化，美國 FED 升息，銀行即會提高存款利率，債券發行者要發行新債券時，就必須提高票面利率才能吸引投資人（否則把錢存在錢行領較高的存款利率就好）；而已發行的債券要在市場賣出，由於印在債券票面的利率不變，所以定期領取的利息金額也不會變，想要賣出時便要降低賣出價格，使殖利率變高才賣得出去，這就是為什麼美國 FED 升息，債券價格會下跌。

　　因此，當美國升息週期接近尾聲，聯準會聲明透露升息結束訊息時，債券價格在低點，就是逢低買進債券 ETF 的好時機。

05

技術指標 K 值和殖利率

　　我在第 1 章時曾提到，早在退休之前，我就已經投資元大台灣 50（0050），當時是以技術指標 K 值作為買賣的依據。技術指標 K 值是用過去一段時間股價強弱的趨勢，來評估目前股價處於相對高點或低點。K 值的區間為 0～100，K 值＜20 代表超賣，K 值＞80 代表超買，投資市場型 ETF，例如元大台灣 50（0050）或富邦台 50（006208），可以參考台股加權指數的日 K 值，當 K 值＜20 即可買進。

　　但在買賣高股息 ETF 時，就不宜使用技術指標 K 值，而是要看現金殖利率。殖利率是指股利相對於股價的比例，股利區分為現金股利（配息）及股票股利（配股），通常是以現金股利計算殖利率。

現金殖利率＝現金股利÷股價

　　投資高股息 ETF 的目的是領取現金股利，獲得穩定配息現金流，使用這個短期指標時，我會將最近 4 季的現金股利加總，再除以當時的股價，只要殖利率＞5％，就值得一直買進持有。

　　債券型 ETF 的殖利率須以到期殖利率（Yield To Maturity，YTM）評估，它是指用市價買入持有至到期的年化報酬率，美國公債 ETF 的到期殖利率＞4％，投資等級債券 ETF 的到期殖利率＞5％，就可以評估買進。

圖表 4-15　台股加權指數及 K 值走勢圖

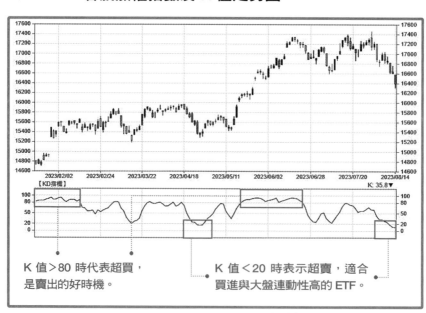

資料來源：台灣股市資訊網。

圖表4-16　到期殖利率查詢（以元大投信及國泰投信為例）

　　到期殖利率可以在各投信網站查詢得知，下列以國泰20年美債（00687B）及元大美債20年（00679B）為例。

● **國泰 20 年美債（00687B）**

　　進入國泰投信 ETF 專區網頁（https://www.cathaysite.com.tw/ETF）；（1）搜尋國泰 20 年美債（00687B）；（2）點選「持股權重」；（3）下方查看到平均到期殖利率為 4.36％。

（接下頁）

● 元大美債 20 年（00679B）

進入元大投信網頁（https://www.yuantaetfs.com/）；

（1）輸入 ETF 代號「00679B」即可搜尋元大美債 20
年；（2）點選「申購買回清單」；（3）查看平均到期殖
利率為 4.25％。

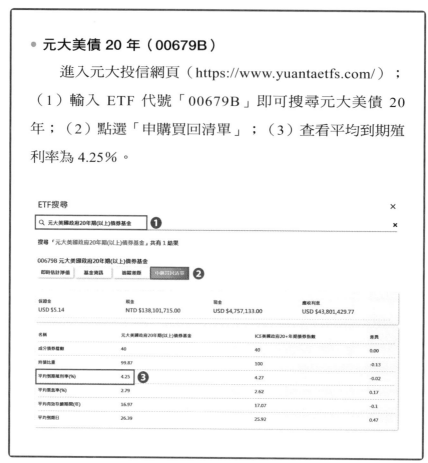

資料來源：國泰投信及元大投信網站。

06

用年化報酬率比績效

選出 ETF 投資標的後，如何知道這檔 ETF 的表現如何？做法就是與 ETF 的配速員比績效。

配速員為投資標竿，必須在該類型 ETF 中具有代表性，我採用的是先鋒集團旗下、投資全世界股票的 Vanguard 全世界股市 ETF（VT），和投資全世界債券的 Vanguard 全世界債券 ETF（BNDW）。如果選出的 ETF 績效優於配速員，表示這檔 ETF 投資的國家或區域成長力優於全世界平均成長率，應該繼續持有下去；但若是它的績效長期輸給配速員，則應該考慮認輸，另選其他 ETF 標的，或是乾脆直接買配速員就好。

定期比較的指標：年化報酬率

常見的績效評估有幾個名詞容易混淆，包括：投資報酬率、平均報酬率、年化報酬率，算法分別為：

投資報酬率＝（期末總市值－期初總市值＋現金股
息總和）÷期初總市值

平均報酬率＝投資報酬率÷持股年數

年化報酬率＝〔（1＋投資報酬率）^（1／持股年
數）〕－1（^表示次方）

　　年化報酬率是將「投資年數」計算進去，轉換成 1 年可得的
報酬率，公式較複雜，建議可以在 Excel 中套入此公式，即可算
出年化報酬率。

　　我以實例來計算說明。假設期初總市值為 100 萬元，持股
年數 3 年，持股期間的現金股利總和為 15 萬元，期末總市值為
115 萬元，投資報酬率、平均報酬率、年化報酬率分別為：

投資報酬率＝（115 萬元－100 萬元＋15 萬元）÷100 萬
元＝30%

平均報酬率＝30%÷3 年＝10%

年化報酬率＝〔（1＋30%）^（1／3 年）〕－1＝9.14%

　　由於投資時間長短和複利效果不同，因此評估績效時，必須

換算成年化報酬率，才有共同的比較基礎。舉例來說，A投資3年，投資報酬率為30％；B投資6年，投資報酬率為60％，分別計算兩人的平均報酬率如下：

A為30％÷3年＝10％

B為60％÷6年＝10％

兩人平均報酬率相同，但是因為沒有把複利考慮進去，所以算出來的數字有「美化」報酬率的效果。

若分別計算兩人的年化報酬率為：

A為〔（1＋30％）^（1／3年）〕－1＝9.14％

B為〔（1＋60％）^（1／6年）〕－1＝8.15％

便可精準反應出，A的投資績效優於B。

當投資標的的屬性不同，投資的時間長短也不同時，用年化報酬率來看績效表現，是把各檔的投資狀況轉換成在相同的基礎上，這樣算出來的報酬率才有比較的價值。就像元大台灣50（0050），成立20年來的總績效是575.05％，而成立只有10年的富邦台50（006208），至今的總績效只有265.94％，相差超過一倍，但兩者的年化報酬率卻是9.72％與11.92％（見第71頁），表示在同樣的起跑點上，這兩檔的績效差距其實有限。

07

我的參考指標大公開

　　接下來將進入 ETF 買賣點操作，我以臺灣市場型、高股息、美國市場型、債券型等 4 種 ETF 類型為例，說明如何參考長期指標和短期指標進行買賣評估。

臺灣市場型 ETF：
參考景氣對策信號＋技術指標 K 值

　　景氣對策信號代表臺灣整體經濟狀況，適合與大盤連動性高的 ETF 投資操作，藍燈時加速買進，紅燈時減速或賣出持股。因此，當景氣燈號亮藍燈，代表此時是長期低檔區，可以採用定期定額買進，在此時擴大持股部位；其他燈號出現時，則停止定期定額買進計畫，但仍可以視情況單次買進。

　　技術指標 K 值＜20，代表短期低檔區，不管當時景氣燈號是什麼顏色都可以單筆買進，但買進數量要有區別，黃藍燈及藍燈時可以整張買進，綠燈、黃紅燈及紅燈時只買進零股就好。

至於何時可以賣出？我只會在景氣燈號出現黃紅燈或紅燈，以及 K 值＞80，兩個條件同時滿足時分批賣出，其他情況一律不賣（見右頁圖表 4-17）。

高股息 ETF：參考技術指標 K 值＋殖利率

高股息 ETF 是主題式 ETF，成分股以高股息為篩選標準，重視配息的殖利率，就不適合參考代表臺灣整體經濟狀況的景氣對策信號，而是參考高股息 ETF 本身的技術指標 K 值，再加上殖利率。

當 K 值＜20，代表位於低檔區，可以買進；而賣出時機是殖利率＜5％，而且 K 值＞80，兩個條件同時滿足時分批賣出（見右頁圖表 4-18）。

美國標普 500 ETF：參考巴菲特指標

美國標普 500 ETF 參考巴菲特指標，正如同巴菲特所說，美股總市值除以最新一季 GDP 的數據，可判斷整體股市是否過高或過低，這是衡量任何特定時刻所處位置的最佳單一衡量標準。

當巴菲特指標＞120％，屬於高估，就應停止買進；當指標位於 99％ 至 120％ 之間，屬於合理區間，則開始單筆買進；當指標＜99％ 時屬於低估，即可使用定期定額買進（見第 162 頁圖表 4-19）。

圖表 4-17　景氣對策信號＋技術指標 K 值的買賣操作

景氣對策信號	技術指標 K 值	買進或賣出
紅燈	＜20	單筆買進零股
紅燈	＞80	分批賣出
黃紅燈	＜20	單筆買進零股
黃紅燈	＞80	分批賣出
綠燈	＜20	單筆買進零股
綠燈	＞80	不買進也不賣出
黃藍燈	＜20	單筆整張買進
黃藍燈	＞80	不買進也不賣出
藍燈	＜20	單筆整張買進
藍燈	＞80	不買進也不賣出

圖表 4-18　技術指標 K 值＋殖利率的買賣操作

技術指標 K 值	殖利率	買進或賣出
＜20	＜5%	不買進也不賣出
＜20	＞5%	買進
＞80	＜5%	賣出
＞80	＞5%	不買進也不賣出

圖表 4-19　巴菲特指標的買賣操作

巴菲特指標	評估	買進或賣出
指標＜77%	嚴重低估	定期定額買進
77%＜指標＜99%	低估	定期定額買進
99%＜指標＜120%	合理	單筆買進
120%＜指標＜142%	高估	停止買進
142%＜指標	嚴重高估	停止買進

債券型 ETF：參考美國聯邦基金利率

　　當美國聯準會升息尾聲，升息幅度趨緩，殖利率升高，此時是債券價格相對低點，即可買進長天期公債和投資等級公司債的債券型 ETF。

　　當美國聯準會降息尾聲，降息幅度趨緩，殖利率下降，此時是債券價格相對高點，則應賣出長天期公債和投資等級公司債，買進短中期公債。

第5章

5 檔核心加 6 檔衛星，打造最強組合

「成功的投資需要時間、紀律、和耐心。」

——巴菲特

01

5 檔核心賺價差，報酬率最高

建立投資組合的目的，是要追求總投資報酬成長，也就是價差和配息總和成長，可以把投資組合裡的標的區分為核心和衛星，這個概念源自於行星和圍繞在其周邊的衛星，報酬率最看好的 ETF 為核心，配置比例高，報酬率次之的 ETF 為衛星，配置比例較低。

我的 ETF 投資組合包括以市場型 ETF 為核心，高股息 ETF 和債券型 ETF 為衛星，市場型 ETF 追求市值長期成長，績效貼近大盤，而高股息和債券型 ETF 的功能是建立月配息組合，讓股息和債息可以滿足日常生活所需。這樣的投資組合整體績效貼近大盤，再因衛星 ETF 的績效而稍有高低。

看好市場長期成長，下跌就是買進機會

我的市場型 ETF 組合中共有 5 檔標的，包括臺灣市場的元大台灣 50（0050）、富邦台 50（006208）；美國市場的

Vanguard 標普 500 指數 ETF（VOO）、Vanguard 全世界股票 ETF（VT）和 Vanguard 全世界債券 ETF（BNDW），**投資市場型 ETF，只要確認市場長期成長，遇到下跌都是買進的機會。**

在各種市場型 ETF 中，我較偏好單一國家市場，其中元大台灣 50（0050）和富邦台 50（006208）與台股市場連動，因為我就身處臺灣，對於自己國家的經濟狀況最了解；另外我很看好美國的經濟成長，因此也選擇了與美股市場連動的 Vanguard 標普 500 ETF（VOO）。

最後兩檔是全世界市場型的 ETF，由於成分股完全分散在世界各國，風險也就完全分散，此外操作更單純，無須選擇進場點，隨時都可以買進，買進之後也不用擔心何時應賣出，長期持有即可。

單一國家市場型的 ETF，唯一要注意的就是「國家風險」，像是最近常聽到「地緣政治風險」這個詞彙，即是指戰爭、政局更替、金融危機、自然災害等風險，例如：俄烏戰爭開打，引發臺海戰役疑慮；中美對抗及美國簽署《晶片與科學法》（*CHIPS and Science Act*，簡稱晶片法案），造成外資對台股和台積電的前景疑慮，下修本益比等。想要避免這種國家級的風險，解決方案就是買進全球型的 ETF，將投資風險完全分散至全球各區域和各國家，才不至於因為單一國家的危機而損及資產。

元大台灣 50，我的第一檔 ETF

我從 2017 年就開始買進 ETF，而且和大多數投資人一樣，第一檔選擇的是元大台灣 50（0050），作為我其他成長股持股的績效對照組。當時的投資策略也是採取最普遍的參考技術指標 K 值，當台股大盤指數的 K 值＜20 就買進，K 值＞80 時就賣出，不過這是短線賺差價的策略，並無法累積資產。

2020 年 3 月中旬，我在台股大盤日 K 值＜20 時，共買進了 8 張，平均成本為 72 元，但在 3 月底 K 值＞80 時，就全部賣光了，平均賣價是 77 元。雖然當時小賺了一筆，但沒想到指數並未開始下挫，反而節節高升，讓我錯失了賺更多的機會。

為了避免類似情形再發生，我就改變為同時參考景氣對策信號及技術指標 K 值，用長短期兩個指標來判斷市場，原則上是每個月定期定額買進，遇到大盤的 K 值＜20 時，會另外單筆加速買進，只有在大盤 K 值＞80，且景氣對策信號是紅燈或黃紅燈時，才會賣出。從 2020 年底開始累積元大台灣 50（0050），到 2023 年中，這檔 ETF 在我的總資產占比裡，已經從 3% 提升至 5%。

富邦台 50，內扣費用低就是王道

2020 年提早退休後，我開始買進富邦台 50（006208），這檔 ETF 和元大台灣 50（0050）一樣是追蹤臺灣 50 指數，配息頻率皆是半年配，但是除息時間不同，元大台灣 50（0050）在 1

月及 7 月發放，富邦台 50（006208）則是在 7 月及 11 月，因此我起初是平均買進這兩檔 ETF，這樣 1 年中有 3 個月分可以領到股息，符合我擁有穩定配息收入的第二人生財務目標。

2021 年開始把投資重心移到 ETF 後，受到伯格的買進「低成本指數基金」的投資哲學影響，我在這兩檔的投資比重有所改變。因為我發現以 2020 年的總內扣費用比較，富邦台 50（006208）比元大台灣 50（0050）更低，便逐漸增加富邦台 50（006208）的比重。

像是台股大盤 K 值在 2022 年一整年之中，有兩度低於 20，我便加速買進了 9 張富邦台 50（006208）；2023 年上半年雖然大盤 K 值幾乎都在 80 以上，但景氣燈號一直位於藍燈，也維持用定期定額再累積了 9 張，單單一年半的時間，即增加了 18 張持股。從 2020 年底時占比只有 2%，到 2023 年時這檔 ETF 的占比已經提升至 10%，比元大台灣 50（0050）還多。

圖表 5-1　元大台灣 50 與富邦台 50 內扣費用比較

年度	元大台灣 50（0050）	富邦台 50（006208）
2020 年	0.43%	0.36%
2021 年	0.46%	0.35%
2022 年	0.43%	0.24%

Vanguard 標普 500 指數 ETF，巴菲特指標合理就買

Vanguard 標普 500 指數 ETF（VOO）也是我在退休之前就已持有的一檔 ETF，從 2019 年開始投資，同時作為美股和元大台灣 50（0050）績效表現的比較基準，現在持股數量占我總資產的 3% 左右。

我在 2019 年 6 月初以成本 266 美元進場；2020 年 3 月時，巴菲特指標曾經來到 120% 的合理區間，我又再以平均成本 235

圖表 5-2　2019 年 7 月至 2022 年 6 月的巴菲特指標

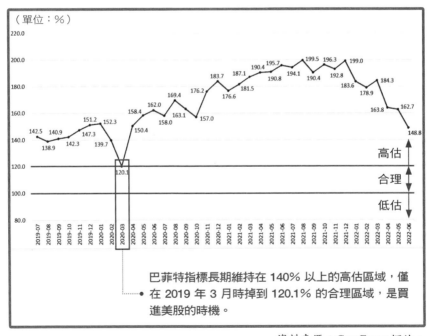

巴菲特指標長期維持在 140% 以上的高估區域，僅在 2019 年 3 月時掉到 120.1% 的合理區域，是買進美股的時機。

資料來源：GuruFocus 網站。

169

美元加速買進 100 股。以 2023 年 8 月的股價 415 美元計算，第一次買進的價格已經上漲 56.0％，第二次的買價上漲了 76.6％。

Vanguard 全世界股票 ETF 及債券 ETF

我分別在 2022 年及 2023 年初開始買進 Vanguard 全世界債券 ETF（BNDW）及 Vanguard 全世界股票 ETF（VT），一方面是用來評估我手中其他股票持股的績效表現，另一方面也因為這兩檔都是全球性的 ETF，成分股涵蓋全世界，可以更加分散風險。此外，這兩檔 ETF 的內扣費用率也都很低廉，分別只有 0.07％ 及 0.05％，非常符合柏格買進低成本 ETF 的投資理念。

我曾試算過這兩檔的績效（關於投資組合報酬率回測試算方法，請見第 6 章第 2 節），Vanguard 全世界股票 ETF（VT）自成立以來，年化報酬率為 9.73％，價格最大回檔幅度為負 25.52％；Vanguard 全世界債券 ETF（BNDW）自成立以來，年化報酬率為 0.30％，價格最大回檔幅度為負 15.94％。由於年化報酬率是用過去績效推測未來的發展，Vanguard 全世界股票 ETF（VT）的年化報酬率將近 10％，因此我很看好它的成長性；而 Vanguard 全世界債券 ETF（BNDW）因為才成立 5 年，還需要觀察。

圖表 5-3　美股 ETF 內扣費用查詢

美股 ETF 也有管道可以直接查詢每一檔的內扣費用，無須一檔一檔去發行公司的官方網站查找，查詢路徑是（1）在 VettaFi 網站（https://etfdb.com/）網頁右上角輸入 ETF 的代號。

（2）進入該檔 ETF 頁面後，在左側點選「Expenses Ratio & Fees」；（3）即可看到內扣費用。

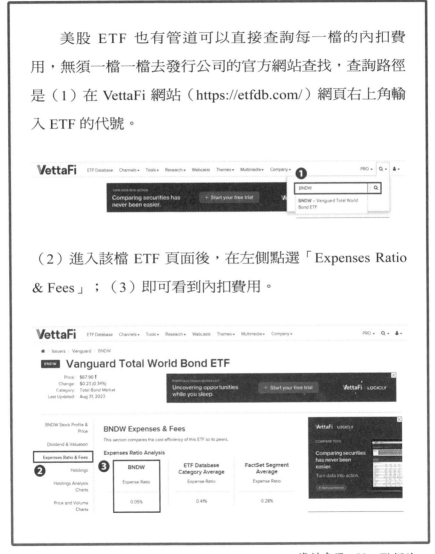

資料來源：VettaFi 網站。

🪙 阿福的 5 檔核心 ETF 賺價差

● **元大台灣 50（0050）**

追蹤臺灣 50 指數，最能代表整體台股市場，因此是 ETF 投資的首選，退休前持股比重占總資產 3%，現在已提升至 5% 左右。

● **富邦台 50（006208）**

同樣追蹤臺灣 50 指數，是另一檔能夠反映台股整體市場的 ETF，且內扣費用比元大台灣 50（0050）更低，更符合柏格「低成本」的投資原則。退休初期持股比重占總資產 2%，現在已達到 10% 左右。

● **Vanguard 標普 500 指數 ETF（VOO）**

起初作為美股和元大台灣 50（0050）績效表現的比較基準而買進，因為美國市場長期看漲，具代表性的 Vanguard 標普 500 指數 ETF（VOO）也隨之成長，現在持股數占總資產的 3%。

（接下頁）

- **Vanguard 全世界股票 ETF（VT）及 Vanguard 全世界債券 ETF（BNDW）**

  兩檔的成分股皆涵蓋全世界，可以把風險分散至更多國家地區，避免單一國家的「地緣政治風險」。Vanguard 全世界股票 ETF（VT）的年化報酬率將近10%，成長性可期，因此持續穩定增加持股；Vanguard 全世界債券 ETF（BNDW）成立時間仍短，增加持股的同時也持續觀察中。

02

6 檔衛星領股利，
多一份被動收入

　　衛星持股的目標是達到每個月都能領配息，且股息可以支應生活所需，因此我選擇高股息 ETF 及殖利率高的債券型 ETF 作為月配息組合，包括元大高股息（0056）、元大台灣高息低波（00713）、國泰永續高股息（00878）這 3 檔高股息 ETF，及元大 AAA 至 A 公司債（00751B）、元大投資級公司債（00720B）、元大美債 20 年（00679B）這 3 檔債券型 ETF。

元大高股息，形成「殖利率＋K 值」投資策略

　　元大高股息（0056）是我繼元大台灣 50（0050）之後買進的第二檔 ETF，2017 年買進時，是作為我當時定存股的績效比較基準。起初的投資策略和元大台灣 50（0050）一樣，只參考了技術指標 K 值，結果也是未能累積資產。

　　由於高股息 ETF 是提供配息的角色，我漸漸領略到不應只參考技術指標來衡量買賣點，於是增加現金殖利率一起評估，

只要現金殖利率大於 5%，就值得繼續買進並持有。我在高股息 ETF 的投資策略，便進化成為「現金殖利率＞5%，且技術指標 K 值＜20」。

2021 年時台股處於多頭時期，全年我只累計買進了 10 張元大高股息（0056）；2022 年台股轉變為空頭市場，我便加速投資，當年累計買進 20 張，是前一年的兩倍之多。2023 年高股息 ETF 全面大漲，我則減速不買。

國泰永續高股息，我觀察了至少 1 年

新上市的 ETF 或個股，發行公司都會積極行銷，掀起一波上市題材，吸引投資人申購買進，而我通常會先觀察至少 1 年，確認新標的符合我的挑選條件，才會納入投資組合。

國泰永續高股息（00878）是 2020 年 7 月成立的季配息 ETF，我便是一直等到它在 2021 年 11 月公布第 5 次配息金額，確認現金股利已經穩定後，才開始投資。由於這是我的第二檔高股息 ETF，相較於元大高股息（0056）的占比低，因此趁著 2022 年的空頭，加速買進了 40 張。此外，也因為國泰永續高股息（00878）的除息月分在 2 月、5 月、8 月、11 月，元大高股息（0056）在 2022 年時還是年配息，除息月分在 10 月，同時持有這兩檔 ETF，是往達成月月都有穩定現金流的目標前進。

元大台灣高息低波，月月領配息

　　會選擇這檔高股息 ETF，主要原因是元大高股息（0056）的配息頻率，在 2023 年 5 月從年配息改為 1 季配發 1 次，除息月分定在 1 月、4 月、7 月、10 月，與國泰永續高股息（00878）搭配之下，1 年之中已經有 8 個月分可以領股利，而這檔元大台灣高息低波（00713）於 2022 年第 3 季，也從年配息改為季配息，除息月分在 3 月、6 月、9 月、12 月，正好填入我尚未有股息可領的 4 個月分，3 檔季配息的高股息 ETF 組合起來，完美達

圖表 5-4　阿福持有的 3 檔高股息 ETF 走勢圖

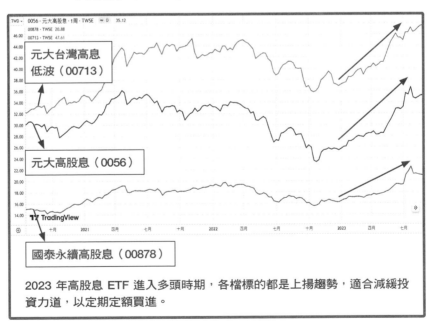

元大台灣高息低波（00713）

元大高股息（0056）

國泰永續高股息（00878）

2023 年高股息 ETF 進入多頭時期，各檔標的都是上揚趨勢，適合減緩投資力道，以定期定額買進。

資料來源：TradingView。

成月月領配息的目標。

由於這檔 ETF 是在 2023 年初才剛納入投資組合，又遇到高股息 ETF 的多頭，因此在符合殖利率大於 5% 的條件下，我採取定期定額穩定買進，逐步建立它在整個投資組合裡的基本持股比例。

元大美債 20 年，因應升降息的法寶

我從 2020 年 4 月開始投資元大美債 20 年（00679B），主要是因為 2020 年 3 月新冠肺炎疫情引起美國股市熔斷，產生劇烈波動，長期投資人未來難免會再遇到類似的股災，必須透過股票加債券資產配置來降低波動風險。

2020 年底，美國聯準會開始討論升息的時間點，由於聯邦基金利率變動，對長年期美國公債的價格影響大，為了避免聯準會升息時，債券 ETF 的價格下跌，造成我的總資產損失，因此當時選擇賣出元大美債 20 年（00679B），將資金轉為買進利率變動影響相對小的富邦美債 7-10 年（00695B）。

2022 年底，聯準會升息循環已接近尾聲，我再賣出富邦美債 7-10 年（00695B）的持股，將資金轉回長年期美國公債的元大美債 20 年（00679B），除了可以獲得比中期美國公債更高的殖利率外，當聯準會開始降息，債券價格上漲，還可以獲得價差報酬。

元大 AAA 至 A 公司債及元大投資級公司債，定期定額建立持股比例

　　元大 AAA 至 A 公司債（00751B）及元大投資級公司債（00720B），都是我在 2023 年初納入投資組合的標的，當時聯準會升息循環已接近尾聲，正是買進債券的時機。而這兩檔 ETF 的配息月分，與元大美債 20 年（00679B）搭配起來，正好形成一整年每個月都有配息，成為我在高股息 ETF 組合之外，另一組月月領配息的隊伍。

圖表 5-5　阿福持有的 3 檔債券型 ETF 走勢圖

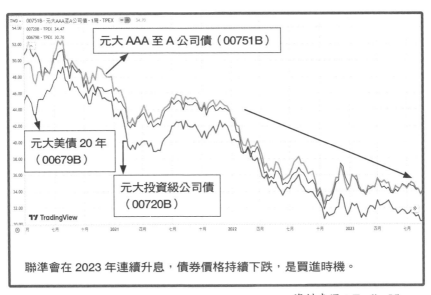

資料來源：TradingView。

由於這兩檔 ETF 都是才剛買進不到 1 年，殖利率也在逐漸成長，目前觀察 2023 年的殖利率都有機會突破 5%，因此我採取較緩慢的定期定額買進策略，慢慢建立持股比例。

阿福的 6 檔衛星 ETF 月月領配息

● **元大高股息（0056）**

於退休前就已開始持有，起初作為定存股的績效比較基準，在 2021 年全年共買進 10 張，2022 年時加速買進 20 張。

● **國泰永續高股息（00878）及元大台灣高息低波（00713）**

由於這兩檔的配息月分可與改為季配息的元大高股息（0056）搭配，完成月月都有穩定現金流的目標，因此在觀察國泰永續高股息（00878）1 年之後，確定現金股利配發穩定，便開始買進；而元大台灣高息低波（00713）則因為納入投資組合時適逢台股多頭，故採取定期定額買進，穩定增加持股。

（接下頁）

● **元大美債 20 年（00679B）**

　　為了降低股市波動對資產的影響而開始買進，2022 年底升息接近尾聲，便加速買進，預期未來降息時債券價格上揚，可以再獲得價差報酬。

● **元大 AAA 至 A 公司債（00751B）及元大投資級公司債（00720B）**

　　這兩檔債券型 ETF 也有平衡股市波動的效果，且配息月分與元大美債 20 年（00679B）組合，可以達到月月領配息，因此決定買進。現在連同元大美債 20 年（00679B），3 檔債券型 ETF 占總資產約 12％。

03

月月領萬元之配息月曆大公開

ETF 配息週期多元，包括年配、半年配、季配、月配，其中季配息是目前的主流。投資人建立 ETF 月配息組合，除了能獲得穩定的現金流收入，另外還有合法節稅的優勢。

在 ETF 收益分配書中，會列出發放所得類別和分配金額，「股利或盈餘所得」要課稅；「國內財產交易所得」屬於資本利得，證券交易所得停徵不課稅；「收益平準金」是讓基金穩定配息，不受規模大小影響，這部分不是所得，因此不課稅。（見第 185 頁圖表 5-6）

若是想知道，一檔 ETF 需要持有多少張才能月領配息萬元，由於 ETF 配息時的「股利或盈餘所得」分配比例和金額無法事前知道，所以需要用 ETF 公布的配息金額計算。例如國泰永續高股息（00878）每單位配息 0.27 元，至少持有 114 張可以月領萬元配息，算法如下：

10,000 元÷（0.27 元×1000 股）＝37.03 張

≒38 張（可領萬元配息的張數）

38 張×3 個月＝114 張（因國泰永續高股息

〔00878〕是季配息，故須乘以 3 倍）

換算成投資金額，以 2023 年 7 月分的平均收盤價 21.86 元計算，即是 2,492,040 元，算法如下：

114 張×21,860 元＝2,492,040 元

以此計算，若是想達成平均每月有 10,000 元的配息收入，以我持有的 3 檔高股息 ETF 為例，總投資額為 2,073,500 元；若是以元大 AAA 至 A 公司債（00751B）、元大投資級公司債（00720B）、元大美債 20 年（00679B）這 3 檔債券型 ETF，總投資額為 2,638,590 元（見第 186 頁圖表 5-7）。

股利領得多，有些費用也繳得多

現金股利除了屬於投資人的一般所得，會列入綜合所得一併扣稅之外，也因為它是「利息所得」，所以會再被扣繳二代健保費。另外，每月爽領股利的同時，銀行之間匯款也會有一筆匯

圖表 5-6　ETF 基金收益分配通知書範例

ETF基金收益分配通知書

基金配息通知

證券代號	除息日	持有單位數	每受益權單位分配金額	分配金額	幣別	補扣繳稅額	二代健保補充保費	彌/退費	實付金額
基金名稱	發放日	給付方式	撥行帳號/相關說明						
0050	112/07/18		1.9		新台幣	0	0	10	
元大台灣50	112/08/11	匯款							
0056	112/07/18		1		新台幣	0	0	10	
元大高股息	112/08/11	匯款							
00720B	112/07/18		0.48		新台幣	0	0	10	
元大投資級公司債	112/08/11	匯款							

發放所得種類

證券代號	所得種類	給付總額	應扣繳稅額	已扣繳稅額	補扣繳稅額	給付淨額	二代健保補充保費
基金代號							
0050	國內財產交易所得(76)		0	0	0		0
元大台灣50	87年以後股利或盈餘所得(54C)		0	0	0		0
	資本公積		0	0	0		0
0056	海外營利所得(71)		0	0	0		0
元大高股息	87年以後股利或盈餘所得(54C)		0	0	0		0
	收益平準金所得		0	0	0		0
00720B	海外利息所得(73)		0	0	0		0
元大投資級公司債							

「國內財產交易所得」屬於資本利得，證交所目前停徵不課稅。

「收益平準金」是讓基金穩定配息，不受規模大小影響，不屬於所得故不課稅。

「股利或盈餘所得」屬於一般綜合所得，因此會課稅。

費，雖然每次的金額不大，但長期累積下來也頗為可觀。接下來我便要說明，如何配置持股可以節省這些費用。

二代健保補充保費

　　單筆股利給付達 20,000 元（含）以上，需要扣繳二代健保費，如果單一月分收到三檔 ETF 的配息，三筆股利會分開計算二代健保費。保費計算是股利×2.11％，若是領到 50,000 元的股利，就會先被扣掉 1,055 元（50,000 元×2.11％＝1,055 元），實

圖表 5-7　以阿福的衛星 ETF 為例，達成平均每月配息 1 萬元所需投資額試算

名稱（代號）	配息月分	現金股利	股價	張數	配息金額（年殖利率）	投資額	總投資額
高股息							
元大高股息（0056）	1、4、7、10	0.525 元	32.83 元	20 張	10,500 元（6.40%）	656,600 元	2,073,500 元
國泰永續高股息（00878）	2、5、8、11	0.27 元	19.35 元	38 張	10,260 元（5.58%）	735,300 元	
元大高息低波（00713）	3、6、9、12	0.68 元	45.44 元	15 張	10,200 元（5.99%）	681,600 元	
債券型							
元大投資級公司債（00720B）	1、4、7、10	0.50 元	34.84 元	20 張	10,000 元（5.74%）	696,800 元	2,638,590 元
元大美債 20 年（00679B）	2、5、8、11	0.28 元	31.75 元	36 張	10,080 元（3.53%）	1,143,000 元	
元大 AAA 至 A 公司債（00751B）	3、6、9、12	0.44 元	34.73 元	23 張	10,120 元（5.07%）	798,790 元	

註 1：資料來源：台灣股市資訊網，2023 年 6 月 27 日。

註 2：元大高股息（0056）已改為季配息，因此現金股利是以 2022 年年配息金額除以 4 計算。

圖表 5-8　以阿福的衛星 ETF 為例，達成平均每月配息 5 萬元所需投資額試算

名稱（代號）	配息月分	現金股利	股價	張數	配息金額（年殖利率）	投資額	總投資額
高股息							
元大高股息（0056）	1、4、7、10	0.525 元	32.83 元	96 張	50,400 元（6.40%）	3,151,680 元	10,113,340 元
國泰永續高股息（00878）	2、5、8、11	0.27 元	19.35 元	186 張	50,220 元（5.58%）	3,599,100 元	
元大高息低波（00713）	3、6、9、12	0.68 元	45.44 元	74 張	50,320 元（5.99%）	3,362,560 元	
債券型							
元大投資級公司債（00720B）	1、4、7、10	0.50 元	34.84 元	100 張	50,000 元（5.74%）	3,484,000 元	13,126,470 元
元大美債 20 年（00679B）	2、5、8、11	0.28 元	31.75 元	179 張	50,120 元（3.53%）	5,683,250 元	
元大 AAA 至 A 公司債（00751B）	3、6、9、12	0.44 元	34.73 元	114 張	50,160 元（5.07%）	3,959,220 元	

註 1：資料來源：台灣股市資訊網，2023 年 6 月 27 日。
註 2：元大高股息（0056）已改為季配息，因此現金股利是以 2022 年年配息金額除以 4 計算。

圖表 5-9 以阿福的衛星 ETF 為例，達成平均每月配息 10 萬元所需投資額試算

名稱 （代號）	配息 月分	現金 股利	股價	張數	配息金額 （年殖利率）	投資額	總投資額
高股息							
元大高股息 （0056）	1、4、 7、10	0.525 元	32.83 元	191 張	100,275 元 （6.40%）	6,270,530 元	
國泰永續 高股息 （00878）	2、5、 8、11	0.27 元	19.35 元	371 張	100,170 元 （5.58%）	7,178,850 元	20,174,500 元
元大 高息低波 （00713）	3、6、 9、12	0.68 元	45.44 元	148 張	100,640 元 （5.99%）	6,725,120 元	
債券型							
元大投資 級公司債 （00720B）	1、4、 7、10	0.50 元	34.84 元	200 張	100,000 元 （5.74%）	6,968,000 元	
元大 美債 20 年 （00679B）	2、5、 8、11	0.28 元	31.75 元	358 張	100,240 元 （3.53%）	11,366,500 元	26,252,940 元
元大 AAA 至 A 公司債 （00751B）	3、6、 9、12	0.44 元	34.73 元	228 張	100,320 元 （5.07%）	7,918,440 元	

註 1：資料來源：台灣股市資訊網，2023 年 6 月 27 日。
註 2：元大高股息（0056）已改為季配息，因此現金股利是以 2022 年年配息金額除以 4 計算。

際只拿到 48,945 元（50,000 元－1,055 元＝48,945 元）。

　　ETF 的配息頻率越高，把整年度的股息分成多次領取，一次領取到的股利金額變小，降低扣繳二代健保費的效果就越高。單一檔 ETF 持有多少張數可以不用扣繳二代健保費？我以國泰永續高股息（00878）2022 年平均現金股利 0.27 元為例計算，持有 74 張就可以免扣繳：

20,000 元÷（0.27 元×1000 股）≒74.07 張

圖表 5-10　以阿福持股為例，各檔可免扣繳二代健保費的持有張數

名稱（代號）	現金股利	免扣繳二代健保費張數
元大高股息（0056）	0.525 元	38 張
國泰永續高股息（00878）	0.27 元	74 張
元大高息低波（00713）	0.68 元	29 張
元大投資級公司債（00720B）	0.50 元	40 張
元大美債 20 年（00679B）	0.28 元	71 張
元大 AAA 至 A 公司債（00751B）	0.44 元	45 張

註 1：資料來源：台灣股市資訊網，2023 年 6 月 27 日。
註 2：元大高股息（0056）已改為季配息，因此現金股利是以 2022 年年配息金額除以 4 計算。

● 綜合所得稅股利所得申報

股利所得是採用合併計稅，也就是手中所有持股的股息總收入一起計算，享有 8.5％ 的抵減稅額。每一申報戶的扣抵上限金額為 8 萬元，股利所得大約 94.1 萬元（80,000 元÷8.5％＝941,176 元）以下不會被扣稅。

所得稅課稅級距 5％ 的小資族還有機會退稅，課稅級距 40％ 的高所得族群則採用股利分離課稅單一稅率 28％ 較有利。

● 配息時的銀行匯費

配息通知書上的 10 元匯費，是當 ETF 的保管銀行和證券交割銀行不同時，所收取的跨行轉帳手續費，例如：用新光銀行的證券交割帳戶買進富邦台 50（006208），富邦台 50（006208）的保管銀行是第一銀行，領取股利時就會有一筆從第一銀行匯至新光銀行的匯費。小資族的 ETF 配息金額不高，或是投資人因為建立月配息 ETF 組合，以至於每個月都有股利匯款，匯費金額累積下來也是滿可觀的。

解決方法是向投信公司申請，變更收益分配帳戶到你名下的其他銀行帳戶，如果是有提供轉帳免手續費的數位帳戶更好。由於投信公司發行的眾多 ETF，每一檔的保管銀行可能不同（可在各檔 ETF 的官方網站查詢保管銀行），已經有多家投信公司開放提供一對一約定，例如：元大投信、國泰投信、富邦投信等，其中國泰投信更開放可以線上申請，相當便利。

⑤ ETF 小辭典

● **保管銀行**

　　投資人買進 ETF 的資金，並非直接給發行 ETF 標的的投信公司，而是會集中在一個基金專戶裡，投信公司再從中提取資金操作 ETF，這個基金專戶所在的銀行，即是 ETF 的保管銀行，可以確保投資人的資金安全。

● **一對一約定**

　　因為投信公司會發行多檔 ETF，每檔標的有各自的保管銀行，例如元大投信的元大台灣高息低波（00713）及元大美債 20 年（00679B），就分別是臺灣銀行及華南銀行，而一對一約定就是指可以向投信公司申請，針對旗下個別 ETF 申請不同的銀行帳戶。目前大多數的投信公司網站上已提供申請書下載，或是也可以直接詢問客服人員辦理。

圖表 5-11 10 大熱門 ETF 保管銀行列表

名稱（代號）	保管銀行	開放一對一申請	配息週期
國泰永續高股息（00878）	台新銀行	有	季（2 月、5 月、8 月、11 月）
元大高股息（0056）	中國信託	有	季（1 月、4 月、7 月、10 月）
元大台灣 50（0050）	中國信託	有	半年（1 月、7 月）
國泰台灣 5G+（00881）	第一銀行	有	半年（3 月、9 月）
富邦台 50（006208）	第一銀行	有	半年（7 月、11 月）
富邦特選高股息 30（00900）	永豐銀行	有	季（1 月、4 月、7 月、10 月）
元大台灣高息低波（00713）	臺灣銀行	有	季（3 月、6 月、9 月、12 月）
中信中國高股息（00882）	兆豐銀行	有	半年（2 月、8 月）
元大美債 20 年（00679B）	華南銀行	有	季（2 月、5 月、8 月、11 月）
永豐台灣 ESG（00888）	合作金庫	有	季（1 月、4 月、7 月、10 月）

資料來源：各檔 ETF 官方網站。

圖表 5-12　以阿福的衛星 ETF 為例，試算「月領 10 萬」各檔所需持股張數

名稱（代號）		1 月	2 月
元大高股息 （0056）	現金股利	0.525 元	
	持股張數	96 張	
	股息收入	50,400 元	
國泰永續高股息 （00878）	現金股利		0.3 元
	持股張數		167 張
	股息收入		50,100 元
元大台灣高息低波 （00713）	現金股利		
	持股張數		
	股息收入		
元大投資級公司債 （00720B）	現金股利	0.41 元	
	持股張數	122 張	
	股息收入	50,020 元	
元大美債 20 年 （00679B）	現金股利		0.23 元
	持股張數		218 張
	股息收入		50,140 元
元大 AAA 至 A 公司債 （00751B）	現金股利		
	持股張數		
	股息收入		
月領股息金額		100,420 元	100,240 元

註 1：各檔現金股利以 2022 年第 1 季至 2022 年第 4 季計算。
註 2：元大高股息（0056）於 2023 年 5 月改為季配息，因此現金股利是以
2022 年年配息金額除以 4 計算。

（接下頁）

3 月	4 月	5 月	6 月	7 月
	0.525 元			0.525 元
	96			96
	50,400 元			50,400 元
		0.32 元		
		167 張		
		53,440 元		
0.725 元			0.725 元	
69 張			69 張	
50,025 元			50,025 元	
	0.43 元			0.49 元
	122 張			122 張
	52,460 元			59,780 元
		0.27 元		
		218 張		
		58,860 元		
0.37 元			0.42 元	
136 張			136 張	
50,320 元			57,120 元	
100,345 元	102,860 元	112,300 元	107,145 元	110,180 元

註 3：元大台灣高息低波（00713）於 2022 年第 3 季改為季配息，因此現金股利是以 2022 年第 3 季至 2022 年第 4 季總和除以 4 計算。

（接下頁）

8月	9月	10月	11月	12月
		0.525 元		
		96		
		50,400 元		
0.28 元			0.28 元	
167 張			167 張	
46760 元			46,760 元	
	0.725 元			0.725 元
	69 張			69 張
	50,025 元			50,025 元
		0.51 元		
		122 張		
		62,220元		
0.29 元			0.33 元	
218 張			218 張	
63,220 元			71,940 元	
	0.44 元			0.46 元
	136 張			136 張
	59,840 元			62,560 元
109,980 元	109,865 元	112,620 元	118,700 元	112,585 元

資料來源：台灣股市資訊網。

圖表 5-13 以阿福的衛星 ETF 為例，試算「月領 5 萬」各檔所需持股張數

名稱（代號）		1 月	2 月
元大高股息 （0056）	現金股利	0.525 元	
	持股張數	48 張	
	股息收入	25,200 元	
國泰永續高股息 （00878）	現金股利		0.3 元
	持股張數		84 張
	股息收入		25,200 元
元大台灣高息低波 （00713）	現金股利		
	持股張數		
	股息收入		
元大投資級公司債 （00720B）	現金股利	0.41 元	
	持股張數	61 張	
	股息收入	25,010 元	
元大美債 20 年 （00679B）	現金股利		0.23 元
	持股張數		109 張
	股息收入		25,070 元
元大 AAA 至 A 公司債 （00751B）	現金股利		
	持股張數		
	股息收入		
月領股息金額		50,210 元	50,270 元

註 1：各檔現金股利以 2022 年第 1 季至 2022 年第 4 季計算。

註 2：元大高股息（0056）於 2023 年 5 月改為季配息，因此現金股利是以 2022 年年配息金額除以 4 計算。

（接下頁）

3月	4月	5月	6月	7月
	0.525 元			0.525 元
	48 張			48 張
	25,200 元			25,200 元
		0.32 元		
		84 張		
		26,880 元		
0.725 元			0.725 元	
35 張			35 張	
25,375 元			25,375 元	
	0.43 元			0.49 元
	61 張			61 張
	26,230 元			29,890 元
		0.27 元		
		109 張		
		29,430 元		
0.37 元			0.42 元	
68 張			68 張	
25,160 元			28,560 元	
50,535 元	51,430 元	56,310 元	53,935 元	55,090 元

註 3：元大台灣高息低波（00713）於 2022 年第 3 季改為季配息，因此現金股利是以 2022 年第 3 季至 2022 年第 4 季總和除以 4 計算。

（接下頁）

8月	9月	10月	11月	12月
		0.525 元		
		48 張		
		25,200 元		
0.28 元			0.28 元	
84 張			84 張	
23,520 元			23,520 元	
	0.725 元			0.725 元
	35 張			35 張
	25,375 元			25,375 元
		0.51 元		
		61 張		
		31,110 元		
0.29 元			0.33 元	
109 張			109 張	
31,610 元			35,970 元	
	0.44 元			0.46 元
	68 張			68 張
	29,920 元			31,280 元
55,130 元	55,295 元	56,310 元	59,490 元	56,655 元

資料來源：台灣股市資訊網。

圖表 5-14　以阿福的衛星 ETF 為例，試算「月領 1 萬」各檔所需持股張數

名稱（代號）		1月	2月
元大高股息 （0056）	現金股利	0.525 元	
	持股張數	10 張	
	股息收入	5,250 元	
國泰永續高股息 （00878）	現金股利		0.3 元
	持股張數		17 張
	股息收入		5,100 元
元大台灣高息低波 （00713）	現金股利		
	持股張數		
	股息收入		
元大投資級公司債 （00720B）	現金股利	0.41 元	
	持股張數	13 張	
	股息收入	5,330 元	
元大美債 20 年 （00679B）	現金股利		0.23 元
	持股張數		22 張
	股息收入		5,060 元
元大 AAA 至 A 公司債 （00751B）	現金股利		
	持股張數		
	股息收入		
月領股息金額		10,580 元	10,160 元

註 1：各檔現金股利以 2022 年第 1 季至 2022 年第 4 季計算。

註 2：元大高股息（0056）於 2023 年 5 月改為季配息，因此現金股利是以 2022 年年配息金額除以 4 計算。

（接下頁）

3月	4月	5月	6月	7月
	0.525 元			0.525 元
	10 張			10 張
	5,250 元			5,250 元
		0.32 元		
		17 張		
		5,440 元		
0.725 元			0.725 元	
7 張			7 張	
5,075 元			5,075 元	
	0.43 元			0.49 元
	13 張			13 張
	5,590 元			6,370 元
		0.27 元		
		22 張		
		5,940 元		
0.37 元			0.42 元	
14 張			14 張	
5,180 元			5,880 元	
10,255 元	10,840 元	11,380 元	10,955 元	11,620 元

註 3：元大台灣高息低波（00713）於 2022 年第 3 季改為季配息，因此現金股利是以 2022 年第 3 季至 2022 年第 4 季總和除以 4 計算。

（接下頁）

8月	9月	10月	11月	12月
		0.525 元		
		10 張		
		5,250 元		
0.28 元			0.28 元	
17 張			17 張	
4,760 元			4,760 元	
	0.725 元			0.725 元
	7 張			7 張
	5,075 元			5,075 元
		0.51 元		
		13 張		
		6,630 元		
0.29 元			0.33 元	
22 張			22 張	
6,380 元			7,260 元	
	0.44 元			0.46 元
	14 張			14 張
	6,160 元			6,440 元
11,140 元	11,235 元	11,880 元	12,020 元	11,515 元

資料來源：台灣股市資訊網。

精算與紀律，
鞏固 FIRE 人生

「資產配置決定 91.5% 的報酬，選股與進場時機
分別只占 4.6% 與 1.8%。」

——諾貝爾獎得主蓋瑞・布林森（Gary Brinson）

01

股票加債券，遇上股災心不驚

　　台股在 2021 年 7 月 13 日時衝破 18,000 點，2022 年 1 月 5 日攻上 18,619.61 高點，隨後開始逐漸下滑，10 月時跌至低點 12,629.48 點，短短一年時間上下波動高達 6,000 點。在長期投資的路上，如果你曾經為股市波動而煩惱不已，資產配置是減少波動的解決方案；如果對於選擇標的和買賣時機傷腦筋，資產配置更是影響投資報酬的關鍵，因此這是一門非常值得研究的課題。

　　資產配置是依投資目標和風險承受能力，選擇不同特性的資產來分散風險，之後隨時調整每項資產的比例，以達成期望的報酬。由於股票和債券兩種資產的漲跌多半背道而馳，股票上漲時債券下跌，股票下跌時債券反而上漲；特性也通常呈現反方向，股票長期報酬高於債券，但是波動大，債券報酬率低於股票，但波動較小（有時短期報酬會高於股票），所以最普遍的資產配置做法是股票搭配債券，透過調整股債比例減少波動風險，穩健的累積財富。

股市越跌、債券越漲

　　股債漲跌走向相反，最明顯的例子就是 2008 年金融海嘯時期。在發生金融海嘯之前，美國標普 500 指數（SPX）從 1,220 點開始緩慢走高至接近 1,600 點，iShares 20 年期以上美國公債 ETF（TLT）則是從 96 點的高點下跌至接近 80 點。但從 2007 年底爆出次級房貸危機開始，股市瞬即豬羊變色，進入 2008 年發生金融海嘯時，雙方的漲跌勢再加劇，標普 500 指數（SPX）下滑至 2009 年 3 月 666.79 點才止跌，跌幅超過 5 成；iShares 20

圖表 6-1　2008 年金融海嘯期間，股債漲跌走向相反實例

2007 年底爆出次級房貸危機後，股債市瞬即豬羊變色，進入 2008 年發生金融海嘯時，雙方的漲跌勢再加劇，各自的漲跌幅都接近 5 成。

資料來源：TradingView。

年期以上美國公債 ETF（TLT）反而一直走高，從 82.2 點飆漲至 123.15 點，漲幅逼近 5 成（見左頁圖表 6-1）。

　　股票和債券大多時候都在「唱反調」，但偶爾也會同進退，也就是股票和債券同步下跌，不過債券的下跌幅度通常會小於股票的跌幅。這個從美國標普 500 指數及 10 年期公債殖利率的相互關係可以看出來（見圖表 6-2）。2008 年，當時的聯準會主

圖表 6-2　標普 500 指數、美債 10 年價格及殖利率關係

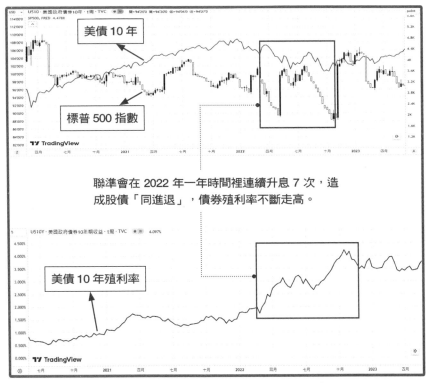

資料來源：TradingView。

席柏南克（Ben Bernanke）啟動量化寬鬆政策刺激經濟，股價隨即上漲，同時也造成債券殖利率走低，使得債券價格上漲。到 2022 年時，現任聯準會主席鮑爾（Jerome Powell）為了降低通貨膨脹，採取連續升息措施，造成股票下跌，債券殖利率走高，債券下跌。

股債怎麼分配？以年齡為基準

大多數的投資人沒有資產配置的概念，也就不知道自己適合的配置比例為何。柏格建議按照年齡調整股債比例，持有股票類型資產的比例為「100－年齡數」，持有債券型資產的比例等於年齡數字，套用在 ETF 投資時，以 30 歲的年輕人為例，便應該配置 70% 的股票型 ETF 和 30% 的債券型 ETF。

不過隨著人類平均壽命越來越長，也有投資人將持有股票的比例增加 10%，也就是「110－年齡」，剩下的比例為債券，同樣是 30 歲的年輕人，就會變成持有 80% 的股票型 ETF、20% 的債券型 ETF。

股債配置的比例並非不能變動，柏格的建議只是提供一個參考基準，投資人可以根據自己承受風險的能力調整，例如有穩定收入，可以承受較高波動風險的人，便可以調高股票型 ETF、減少債券型 ETF 的比例。

想要了解自己的風險承受能力有兩種方法，第一種是檢視投資標的的歷史績效，找出台股股災時的跌幅，例如 2000 年

科技泡沫最大跌幅為 66.2%、2008 年金融海嘯時期最大跌幅為 58.3%。剛投入股市的投資人，也許沒有經歷過這麼大的跌幅，這個方法可以幫助自己檢視，是否能夠承受這樣的波動風險？

第二種做法是透過撰寫投資週記，當發生股災時，記錄投資組合當時的跌幅，藉此了解自己的抗壓性有多大。因為想像和實際經歷的感受不同，以台股最近一次空頭走勢為例，從 2022 年 1 月 18,619.61 點的高點，一路下跌至同年 10 月時的波段低點 12,629.48 點，跌幅高達 32.2%，我的投資組合當時最大跌幅為 19.6%，數字雖然觸目驚心，但其實心情並不覺得焦慮。經歷這次空頭時期，讓我知道自己的風險承受度有多大，同時也對資產配置的重要性更有感。

有些人認為自己同時持有富邦台 50（006208）和國泰永續高股息（00878），就是在做資產配產，但這兩種都是股票型 ETF，屬於單一資產類別，當市場波動時，這兩檔 ETF 並沒有平衡維穩的作用，因此不能算是資產配置管理，僅可稱之為投資組合管理。

持有債券型 ETF 才有降低投資組合波動程度的功能，避免股市暴跌時恐慌性殺出，但股市暴漲時也會拖累投資績效，因此股債配置並非績效最好的投資策略。資產配置的原理，是犧牲部分股票帶來的長期報酬，換取降低波動的優點，目的在於長期持有標的，持續累積資產，這一點一定要先理解。

三種人生階段的資產配置

　　不同的人生階段，有不同的投資目標和風險承受力，資產配置的比例也就不同。我將人生分為三個階段，資產配置原則可以參考如下：

● 單身期

　　沒有養家負擔，自己的收入可以自主支配，包括小孩每年領到的壓歲錢，或是年輕人每個月撥出部分薪水來投資，此階段的風險承受度高，越早投資更能享受複利效果，此時可以把資產全部配置在具成長性的股票型 ETF，像是元大台灣 50（0050）、富邦台 50（006208）、元大高股息（0056）、國泰永續高股息（00878）及元大台灣高息低波（00713）。

● 三明治時期

　　工作逐漸穩定，開始成家立業後，這段時間的財富累積有三大方向：第一要累積專業、提升薪水收入；第二要提高儲蓄率，擴大投資本金規模；第三是持續投資。此時便要採用股債資產配置，可選擇股票型 ETF 和債券型 ETF，股債比例先以年齡逐年調整，再視風險承受度微調。

● 退休時期

　　退休後沒有主動收入，必須以被動收入來支應日常生活所

圖表6-3　不同年齡及人生階段的資產配置範例

・20 歲大學生

股債比例：股票型 ETF 100%

配置策略：以資產市值成長為目標，全部配置股票型 ETF，
　　　　　按照年齡調整市場型 ETF 和高股息 ETF 的比例，
　　　　　市場型 ETF 90%（110−20＝90）和高股息 ETF
　　　　　10%（100%−90%＝10%）。

・35 歲上班族，已結婚，有小孩

股債比例：股票型 ETF 75%、債券型 ETF 25%

配置策略：兼顧資產市值成長和穩健為目標，納入債券型 ETF
　　　　　為投資標的，配置股票型 ETF 包括市場型及高
　　　　　股息 ETF 合計 75%（110−35＝75），債券型
　　　　　ETF 25%（100%−75%＝25%）。

・65 歲已退休

股債比例：股票型 ETF 45%、債券型 ETF 55%

配置策略：以資產穩健、配息滿足生活所需為目標，配置股
　　　　　票型 ETF 45%（110−65＝45），債券型 ETF
　　　　　55%（100%−45%＝55%），兩者的配息收入
　　　　　必須能支應生活所需。

需，因此這個階段的投資要保守穩健，股票 ETF 和債券 ETF 的配息收入要以能夠支應日常生活所需為前題，再參考年齡微調。

看景氣燈號調配投資帳戶裡的錢

景氣對策信號代表臺灣整體經濟狀況，適用於操作和大盤連動性高的 ETF 之外，也適用於調整股債配置的比例。股票是風險性資產，負責進攻；債券是安全性資產，負責防守。當景氣燈號亮黃藍燈時，資產配置可以轉守為攻，逐步降低債券型 ETF、增加股票型 ETF 比重；當景氣燈號轉為黃紅燈，則轉攻為守，逐步降低股票型 ETF、增加債券型 ETF 比重。

同樣的，景氣對策信號也適用於緊急預備金的準備計畫。緊急預備金是因應突發狀況所保留的資金，平常時期不會動用，但是當景氣燈號出現紅燈和藍燈的特別時期，緊急預備金和投資帳戶裡的錢可以互相機動支援。

當景氣燈號亮紅燈時，代表景氣熱絡，預估接下來景氣就會下滑，此時應該保留兩年分的緊急預備金，降低投資帳戶現金比重。當景氣燈號亮藍燈，代表景氣低迷，此時股市已經歷一波下跌走勢，緊急預備金只須保留一年分即可，可以將資金放入投資帳戶，準備買進股票型資產。

確實執行資產再平衡

資產配置的比例會隨著市場漲跌而變動，偏離原先設定的比

例，必須每年年底定期檢視，並執行「再平衡」，讓資產配置回
到原先設定的股債比例。

　　不管市場走勢如何，定期執行計畫的投資紀律，是再平衡最
重要的原則。首先設定啟動再平衡的條件，即是當資產配置到達
某個比例值時，就進行再平衡，例如原本的股債比例為 50％：
50％，當變動至 60％：40％ 或 40％：60％ 時，就啟動再平衡。
另一種做法是選擇固定的日期執行，例如每年底最後一個交易
日，或是對自己有特別意義的日子，例如生日。不管用哪一種啟
動條件，重點是必須確實執行。

　　採用第一種啟動條件的再平衡做法，是買進比重偏低、也就
是下跌或漲幅落後的資產；賣出比重過高、也就是上漲的資產，
這是買低賣高策略，有助於提高投資績效。

　　若是選擇固定日期再平衡，請記得和配速員比績效，股票
型 ETF 與 Vanguard 全世界股市 ETF（VT）比，債券型 ETF 與
Vanguard 全世界債券 ETF（BNDW）相比較。如果投資標的績
效優於配速員，請繼續持有下去；但若是投資績效輸給配速員，
請分析原因並評估是否可以接受，若能接受，就繼續持有並加速
買進。或者考慮認輸賣出，把資金改為買進配速員，提高配速員
的比例，這就是汰弱留強的策略。

02

測風險、算績效，調整資產配置

　　打造最速配的投資組合，從選擇投資標的，到配置權重比例，首先要考慮風險，其次才是報酬。了解 ETF 波動度，善用投資組合績效回測工具，可以幫助我們衡量不同股債比例的風險與績效。

　　現在網路資源豐富，我針對資產配置的需求，介紹幾個免費、簡單易懂且實用的網站工具。

比較 ETF 與大盤的風險係數

　　風險係數 β 值是用來衡量證券波動風險的指標，代表對市場的敏感程度，投資人了解手上持有標的的風險係數，才能篩選出適合自己的投資組合。

　　要知道 ETF 的風險係數與區間震幅，可以在台灣股市資訊網（https://goodinfo.tw/tw/index.asp）輸入股票代號查詢。以我在 2023 年 6 月 30 日查詢元大台灣 50（0050）、國泰永續高股

息（00878）、元大美債 20 年（00679B）近一年風險係數，元大台灣 50（0050）的風險係數 β 值為 1.12，表示波動與大盤同步；國泰永續高股息（00878）為 0.53，波動性小於整體市場；元大美債 20 年（00679B）為 0.04，波動跟大盤無關或相反。

透過撰寫投資週記，記錄投資組合當時跌幅，了解自己的抗壓性到什麼程度之後，如果遇到波動超過自己的風險承受度時，知道風險係數就可以調整資產配置比例，例如增加波動小於大盤的國泰永續高股息（00878），或是波動與大盤無關的元大美債 20 年（00679B）比例，就可以減小受股票市場大盤波動的影響。

計算投資組合績效，找出報酬率最佳的比例

確認投資風險後，就可以追求投資組合的整體績效，網路上已有方便的工具可以試算。

台股市場的試算工具，以元大投信的元大智能投資平臺（https://www.yuanta-etfadvisor.com/calculator/）做得最完善，提供台股的投資組合計算器（回測），投資人可以自行設定標的、配置權重、回測期間、再平衡頻率等參數，快速回測投資組合的歷史績效與風險指標。但這個平臺僅適用於元大投信發行的 ETF，目前還沒有適合方便的工具可以試算其他投信公司的標的。

要分析回測美股投資組合的績效，則可以使用 Portfolio

Visualizer（https://www.portfoliovisualizer.com/）這個工具，只要
輸入標的及權重比例，就能提供歷史績效和風險指標等數據。

　　運用投資組合績效來調整資產配置的方法，是逐次修改各檔
標的的占比，直到試算出來的報酬率符合自己期望，便以該占比
為目標實際調整持股比例。

圖表 6-4　查詢個股風險係數 β 值

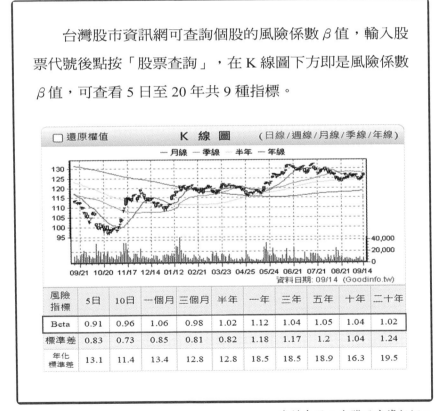

　　台灣股市資訊網可查詢個股的風險係數 β 值，輸入股
票代號後點按「股票查詢」，在 K 線圖下方即是風險係數
β 值，可查看 5 日至 20 年共 9 種指標。

風險指標	5日	10日	一個月	三個月	半年	一年	三年	五年	十年	二十年
Beta	0.91	0.96	1.06	0.98	1.02	1.12	1.04	1.05	1.04	1.02
標準差	0.83	0.73	0.85	0.81	0.82	1.18	1.17	1.2	1.04	1.24
年化標準差	13.1	11.4	13.4	12.8	12.8	18.5	18.5	18.9	16.3	19.5

資料來源：台灣股市資訊網。

圖表6-5　元大智能投資平臺投資組合計算器使用範例

下面以 60% 元大台灣 50（0050）和 40% 元大美債 20 年（00679B）的股債資產配置比例為範例說明。由於元大美債 20 年（00679B）於 2017 年 1 月 11 日成立，所以回測時間選擇從 2017 年 2 月 1 日至 2023 年 7 月 31 日，每年定期平衡。

（接下頁）

分析結果為年化報酬率 8.12％，表現最好那一年的年報酬率為 25.60％，表現最差那一年的年報酬率為負 21.42％，最大跌幅為 29.24％。下方走勢圖及柱狀圖亦可看出各年詳細的報酬率數據。

資料來源：元大投信 ETF-AI 智能投資平臺。

圖表 6-6　美股投資組合計算器 Portfolio Visualizer 使用範例

下面使用 60％ 的 Vanguard 全世界股市 ETF（VT）和 40％ 的 Vanguard 全世界債券 ETF（BNDW）為範例說明。由於 Vanguard 全世界債券 ETF（BNDW）的成立日期是 2018 年 9 月 4 日，所以回測時間選擇從 2019 年 1 月 1 日至 2023 年 6 月 30 日

（1）在網頁中點選「Backtest Portfolio」；（2）設定試算參數，由於 Portfolio Visualizer 只能設定年分，無法指定日期，因此只須設定 2019 年至 2023 年即可，其他參數可以直接略過；（3）設定投資組合的標的；（4）點按「Analyze Portfolios」。

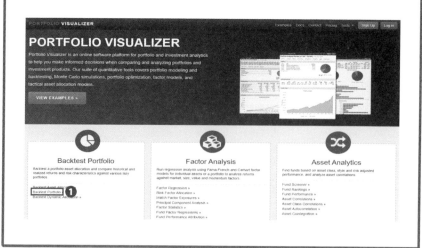

（接下頁）

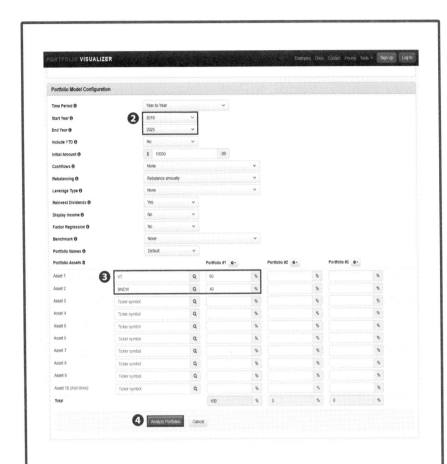

　　結果顯示複合年均成長率（CAGR）為 7.46％，表現最好那一年的年報酬率為 19.44％，表現最差那一年的年報酬率為負 15.96％，最大跌幅（Max. Drawdown）為負 20.80％。下方圖表亦可看出各年詳細的報酬率數據。

（接下頁）

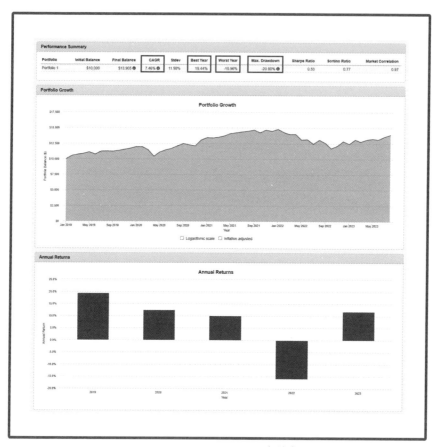

資料來源：Portfolio Visualizer。

03

出借 ETF 收利息，
多賺一筆旅遊基金

　　存 ETF 的長期投資人，除了配息收入外，還可以出借 ETF 收取利息，尤其是高股息和債券型 ETF，這裡分享增加出借成功機會和提高利息收入的實務經驗。

善用每日最低保障收入機制，
提高實質出借費率

　　目前所有股票及 ETF 的借券收入都是以天計算，算法是：

> 借券收入＝出借股數×股價×出借費率×
> 出借天數／365

　　有些券商會讓計算出來少於 1 元的零頭無條件進位，保障每日最低收入至少有 1 元，這個機制對於出借高股息和債券型 ETF

非常友善，因為這些 ETF 的價格低，1 張大約 3 萬元左右，出借 1 天的收入計算下來可能只有 0.3～0.5 元。但都是很多投資人想借的熱門 ETF，非常容易借出去，若是採用一張一張分批出借，只要出借成功，每張 ETF 每日都有保證收入 1 元。

我們實際計算看看。假設出借 1 張股價 30 元的 ETF，出借費率 0.4%，出借 1 天的收入即是 0.32 元，計算如下：

> （1,000 股×30 元×出借費率 0.4%×1 天）
> ÷365＝0.32 元

假設出借費率 0.01%，出借 1 天的收入將只有 0.008 元：

> （1000 股×30 元×出借費率 0.01%×1 天）
> ÷365＝0.008 元

但在「每日保證收入 1 元」的機制下，不管出借費率是 0.4% 或 0.01%，1 天的出借收入都是 1 元。

出借 ETF 時，券商會收取兩成的出借服務費，假設同樣出借 1 張股價 30 元的 ETF 一年（365 天），出借收入為 365 元，出借服務費即為 73 元（365 元×20%＝73 元），出借淨收入就

會是 292 元（365 元－73 元＝292 元）。這樣算出的實質出借費率是 0.97％（292 元÷30,000 元＝0.97％），將遠遠高於原始設定的出借費率 0.01％ 或 0.4％。

因此當手中有多張 ETF 可以出借時，務必記得要「一張一張」的借出去，才能享受到「每日保證收入 1 元」機制的福利，一年累積下來的出借利息收入，可以幫自己增加一筆旅遊基金。

善用存券匯撥功能，提高出借機會

如果投資人有在多家券商開戶，由於每家券商的借券熱門標的和利率不同，定期檢查自己在各家券商的 ETF 庫存和出借狀況，使用存券匯撥功能，就能增加出借機率。

存券匯撥是投資人可以申請將 A 券商的證券移轉到 B 券商。假設我在國泰證券及富邦證券都有開戶，且在國泰證券帳戶下持有元大美債 20 年（00679B），若在檢視借券狀況時，發現這檔 ETF 在富邦證券的熱門程度更高，就可以把持股從國泰證券移轉到富邦證券，提高被借出去的機會。

只要是同一個投資人的名下，這個移轉不需要手續費，目前大部分的券商都需要臨櫃辦理，但也有些券商已經可以在網路上申請，不需要花時間跑一趟券商，非常方便。

04

勞工保險老年給付，
幾歲領最划算？

根據國發會的人口推估，我國已於 2018 年轉為高齡社會（65 歲以上人口占總人口 14%），預計會在 2025 年邁入超高齡社會（65 歲以上人口占總人口 20%）。人口結構的轉變，造成勞保老年給付件數及金額快速增加，政府退休年金的財務壓力升高，想要退休後的生活無須擔心經濟問題，規畫退休金是第二人生的重要課題。

退休金準備有 3 個來源，包括政府的退休年金、工作企業提供的退休金和個人理財儲蓄。在政府及企業提供的退休金方面，很多人其實並不明確知道，自己退休後能拿到多少退休金，或是搞不清楚，政府勞保的退休年金與企業提供的勞工個人退休金並不相同，甚至總被「勞保破產」這樣的新聞驚嚇不已，然而實際試算出來會發現，兩種退休金加總起來也不是一筆小數目。

退休金老年給付，越晚申請領越多

　　政府給付的退休金主要提供最基本的退休保障，且為了因應人口老化及少子女化趨勢，而衍生的長期經濟生活保障問題，在 2009 年啟動了勞工保險年金化制度，只要保險年資滿 15 年以上，年滿 65 歲，即可請領。給付方式有一次請領全額及每月給付兩種，而每月給付的金額又有兩種算法：

---

1. 平均月投保薪資×年資×0.775％＋3,000 元
2. 平均月投保薪資×年資×1.55％

　　平均月投保薪資是按最高 60 個月之月投保薪資平均計算，年資則是按實際保險年資為計算基礎，沒有上限。平均月投保薪資較高或年資較長的人，第 2 式算出來的金額會較高，政府也會直接以較高者按月發放，直到死亡當月為止。

　　選擇每月給付的人，請領時間最多可提早 5 年，也就是 60 歲就可以請領，但每提前 1 年，依原計算金額減給 4％。也可以延後請領，每延後 1 年請領，依原計算金額增給 4％，最多增給 20％。

圖表 6-7　勞工保險老年給付方式及年齡比較

年齡	一次請領	每月給付
59 歲 11 個月（含）以下	可	不可
60 歲至 60 歲 11 個月	可	可，金額減給 20%
61 歲至 61 歲 11個月	可	可，金額減給 16%
62 歲至 62 歲 11個月	可	可，金額減給 12%
63 歲至 63 歲 11個月	可	可，金額減給 8%
64 歲至 64 歲 11個月	可	可，金額減給 4%
65 歲至 65 歲 11個月	可	可
66 歲至 66 歲 11個月	可	可，金額增給 4%
67 歲至 67 歲 11個月	可	可，金額增給 8%
68 歲至 68 歲 11個月	可	可，金額增給 12%
69 歲至 69 歲 11 個月	可	可，金額增給 16%
70 歲以上	可	可，金額增給 20%

圖表 6-8　勞工保險老年給付查詢

　　勞保局 e 化服務系統的網站，可以直接以民眾目前已繳交的勞保費，及提撥的退休金比例，試算出退休後可請領的老年給付及退休金金額，操作如下。

　　（1）進入勞保局 e 化服務系統的個人登入網頁（https://edesk.bli.gov.tw/me/#/na/login），選擇「行動電話認證」；（2）填入個人資料和驗證碼；（3）設定下次登入時的密碼；（4）點選「送出」。

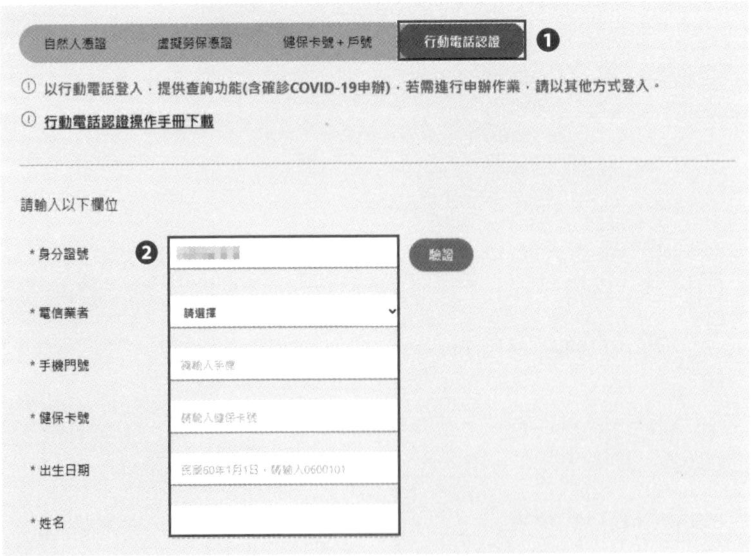

（接下頁）

（5）選擇「試算」；（6）進入「勞工保險老年給付金額試算」。

（接下頁）

（7）填入預期離職退保的日期及申請老年給付的時間，點選「試算」。

（8）即會詳細列出一次領回及按月領回的給付金額各是多少。

（接下頁）

(42,000 x 45.00)

老年年金給付依以下第1式及第2式計算之每月給付金額，擇較高者發給(按月發給至死亡當月止)

平均月投保薪資
42,000元
(投保期間最高60個月之月投保薪資計算)

第1式
12,185元
[(42,000x37.58x0.775%+3,000)x(1-20.00%)]

第2式
19,571元
[(42,000x37.58x1.55%)x(1-20.00%)]

第1式=(平均月投保薪資x投保年資x0.775%+3,000)x(1-減給比例)。
第2式=(平均月投保薪資x投保年資x1.55%)x(1-減給比例)。
＊減給老年年金給付：最多提前5年，每提前1年，依計算之給付金額減給4%，最多減給20%。

回上一頁　　　　　　　　　　　　　　　　　　　詳細資料

勞保局 e 化服務系統 QR Code

資料來源：勞保局 e 化服務系統網站。

個人專戶退休金，自願提繳可以扣稅

　　企業退休金依照職業別不同，包括勞退新舊制、公務人員退休撫卹制度。以勞退新制為例，勞工退休金條例於 2005 年 7 月 1 日開始施行，雇主每月應提撥工資 6% 至員工的個人退休金專戶，這筆錢一旦提撥進員工的個人專戶中，其所有權就已屬於員工，因此沒有破產問題。勞工也可以每月從工資自願提繳 6% 範圍內存入退休金專戶，這筆提撥金額還會在當年度的個人綜合所得總額中全數扣除，有節稅需求的人可以多加利用。

　　退休金的請領年齡為 60 歲，工作年資未滿 15 年的人只能一次領回全額，工作年資滿 15 年以上，才可以選擇一次領回或按月請領。勞工退休金專戶有提供 2 年期存款利率計算之最低保證收益率，勞工可在勞工個人退休金試算表網頁（https://calc.mol.gov.tw/trial/personal_account_frame.asp）試算可領回的金額，且只有勞工本人可以查詢，但實際領取的退休金金額，仍以勞工退休金個人專戶的總金額為準。

　　以平均月薪 42,000 元來試算，投保勞退新制至 60 歲（約 25 年），每月只可領到八千多元的退休金；勞工保險老年給付方面，若是 65 歲請領（約投保 40 年），每月可領回約為 26,000 元。兩筆退休金加總起來不到 40,000 元，很難支應老後的生活、醫療、休閒等開支，更別說退休後還有將近 20 年的人生要過（據政府統計，勞工規畫退休的平均年齡為 61.3 歲，國人平均壽命為 79.84 歲），因此必須依靠個人理財儲蓄來補足。

圖表 6-9　個人專戶退休金查詢

政府有提供勞工個人專戶退休金試算網頁，只要簡單輸入目前薪資，就能直接試算出每月可領到的退休金。

（1）進入試算網頁（https://calc.mol.gov.tw/trial/personal_account_frame.asp）後，系統已先預設專戶的投資報酬率、薪資成長率、退休金提繳率及工作年資等數據，只要輸入目前薪資數字即可；（2）點按「試算」；（3）下方即會顯示預估可累積的退休金總額，及每月可領到多少退休金。

勞工個人退休金試算表(勞退新制) ❶

個人目前薪資（月）：		元
預估個人退休金投資報酬率（年）：	3	%
預估個人薪資成長率（年）：	3	%
退休金提繳率（月）：	6	%
預估選擇新制後之工作年資：	35	年
預估平均餘命：	◉20年　○24年	
結清舊制年資移入專戶之退休金至退休時累積本金及收益：	0	元

❷　[試算]　[重 算]　[計算明細]　　　　❸

預估可累積退休金及收益：	
元	
預估每月可領月退休金：	
元	
預估每月可領月退休金之金額佔最後三年平均薪資比例：	%
（所得替代率）	

資料來源：勞工個人專戶退休金試算網頁。

在盤算如何領勞保退休金時，現在大多數勞工都會選擇每月領一次，而不要一次領回全額，因為以臺灣人平均壽命來算，每月給付的總額會大於一次領回。那麼下一個問題就是，幾歲開始請領比較划算？

有些人認為，提早到 60 歲就請領，雖然會被減給 20%，但可以多領 5 年的退休金，感覺可以領到比較多的錢。下面我以投保薪資 45,000 元、年資 25 年試算：

> 活到 80 歲：
> 60 歲開始請領，共領回 20 年，總退休金為 3,348,000 元
> 65 歲開始請領，共領回 15 年，總退休金為 3,138,840 元
>
> 活到 85 歲：
> 60 歲開始請領，共領回 25 年，總退休金為 4,185,000 元
> 65 歲開始請領，共領回 20 年，總退休金為 4,185,120 元

試算結果發現其實兩者差距極小，因此，若是自身工作、健康狀況較不理想，或是財務狀況急需退休金輔助，可以考量是否提早請領，而我自己的做法是，不管勞保退休金或是個人專戶的退休金，都會等到正常請領歲數才申請，就當做是 60 歲和 65 歲步入新人生階段時，自己給自己的祝賀。

05

心理因素造就 90% 的市場行情

　　長期投資的過程中，總會經歷幾次多空循環，面對股市波動，正確解讀市場規律、認清投資心魔、做好情緒管理，就能避免投資常犯的錯誤，增加勝算，取得好績效。

　　《一個投機者的告白》（*Die Kunst über Geld nachzudenken*）作者科斯托蘭尼說：「心理學造就 90% 的股市行情。」投資大眾對重大事情的反應，會影響股市行情，是集體的心理因素造成股價短期的漲跌，而非重大事件的本身，股價短期的漲跌，多半是受投資人集體的心理因素影響，由此可見了解投資心理學的重要性。

　　投資心魔是指在投資過程中常見的貪婪、恐懼和缺乏耐心，這些心理問題會影響投資決策，當股市波動時容易造成損失。要對抗貪婪、恐懼、沒耐心、從眾並不容易，因為這些都是「人性」而多半不自知。所以，避免受心魔影響的前提是，要認知它們的存在，才可能進一步做好情緒管理，避免錯誤決定。

用恐懼與貪婪指數，
做到「別人恐懼時我貪婪」

當股市熱絡時，投資人容易變得貪婪，會趁機多交易，期望抓住每個上漲波段，多賺一點，但追高的結果往往買到被高估的價錢。而在股市低迷時，大家又會心生恐懼，擔心投資會虧損而不敢進場，反而錯失買進被低估股票的機會。因此看透市場波動、堅守價值投資的巴菲特才會說：「別人貪婪時我恐懼，別人恐懼時我貪婪。」

投資人面臨市場劇烈震盪時，可以參考「恐懼與貪婪指數」，這是由 CNN Business 採用美股市場情緒相關變數所編製

圖表 6-10　恐懼與貪婪指數與標普 500 指數相對關係

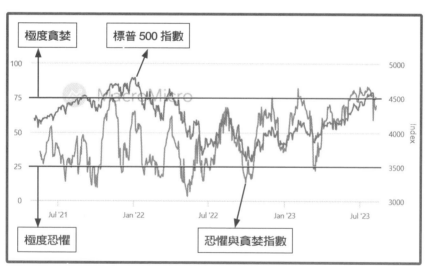

資料來源：財經 M 平方。

的綜合指標，指數範圍介於 0～100 之間，其中 100～75 表示極度貪婪，25～0 表示極度恐懼，透過這個指數，可以了解所在市場的情緒，作為市場型 ETF 投資的參考。當市場投資人出現極度貪婪（＞75）的情緒，這時要居安思危，市場型 ETF 減速不買；如果出現極度恐懼（＜25）的情緒，通常是短期低點，即可加速買進。

買股就像打棒球，耐心等待好球再揮棒

巴菲特曾說：「錢會從沒有耐心的人手中，轉移到有耐心的人的手中。」意思是，缺乏耐心的投資人，還來不及等到公司基本面改善；或是等到其他投資人發現這家好公司就賣掉；或是買進一段時間都不見股價漲跌，就開始懷疑自己的眼光而匆匆出清。但其實股票大漲或大跌，都集中在很短的時間裡，可能買進時正好錯過了漲跌的那幾天，只要有耐心，就會等到下一次大波段的到來。

巴菲特曾經以棒球來說明投資是最棒的事業，打者站在打擊區，等待好球再揮棒，遇到壞球一律不揮棒，就不會被三振出局。這就像投資人備好資金，股價被高估時一律不追高，耐心等待好價格出現時再進場。

以我的持股敦陽科（2480）為例，它是國內最大資訊系統整合商之一，透過產品安裝、教育訓練、維修服務，與客戶建立長久的合作關係。由於我在任職 IBM 期間和敦陽科（2480）有業

圖表 6-11　查詢恐懼與貪婪指數

CNN Business 網頁上可直接查詢恐懼與貪婪指數，切換右上角選單，可查看當天指數或近一年的指數變化，網址為 https://edition.cnn.com/markets/fear-and-greed（可掃描下方 QR Code）。

CNN Business 恐懼與貪婪指數 QR Code

資料來源：CNN Business。

務往來，了解他們的服務與客戶的營運緊密結合，讓客戶很難轉換到其他競爭者，屬於營運穩健的公司，而納入我的投資組合。敦陽科（2480）的股價在 2010 年至 2017 年期間，多在 20 元至 30 元之間震盪，2017 年時進行現金減資 20％，舊股在 8 月 23 日最後交易，9 月 5 日新股上市買賣，股價開始上揚，如果投資缺乏耐心，在這之前就先賣出，便會錯失 2018 年至 2023 年的上漲行情。

　　這個價值投資的經驗，我也應用在 ETF 投資上。2023 年臺灣的景氣對策信號一直亮藍燈，美國聯準會升息放緩，是值得市場型及債券型 ETF 打擊的好球，因此我穩定買進元大台灣 50

圖表 6-12　敦陽科股價走勢圖

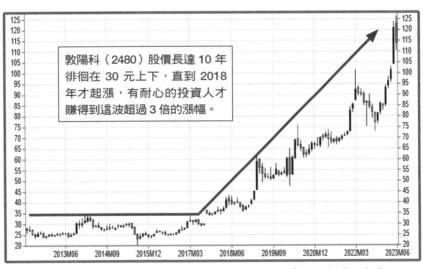

敦陽科（2480）股價長達 10 年徘徊在 30 元上下，直到 2018 年才起漲，有耐心的投資人才賺得到這波超過 3 倍的漲幅。

資料來源：台灣股市資訊網。

（0050）及 3 檔衛星的債券型 ETF，耐心等待未來的上漲。

投資不是群居生活，「有人陪」不等於安心

科斯托蘭尼說：「投資要成功，就得當個固執的投資人。固執的投資人須具備 4 種要素：金錢、想法、耐心，還有運氣。」

在這 4 種要素中，我自己認為想法最重要，因為人是群居動物，難免會有從眾行為，而投資人的從眾行為就是跟風買賣，市場流行 AI（Artificial Intelligence，人工智慧）題材，就一窩瘋的買進 AI 概念股；投顧老師說哪檔股票會上漲，加上周圍「學員」的鼓譟，就跟著一起買。有時自己也懷疑這個決策是否正確，或明顯知道是錯誤訊息，卻仍然跟著群眾一起走，因為總覺得「有人陪」比較安心。

投資市場裡的從眾行為常常會演變成新聞事件，疫情期間航運類股大漲，包括長榮（2603）、陽明（2609）、萬海（2615），股價長年只有 20 元上下，都在這段時間飆漲，突破 200 元關卡，萬海（2615）更是在 2021 年 7 月 1 日衝上最高點 353 元。

當時幾乎所有財經頻道的名嘴都在吹捧航運族群，也有人分享自己大賺的例子，讓不少投資人聽信而跟進，甚至投入全部身家，心想趁著波段再撈一筆。但是航運類股的榮景持續不到一個月，7 月底時長榮（2603）及陽明（2609）的股價分別跌至 116.5 元及 110.5 元，跌幅高達 5 成，2023 年 7 月時股價分別只

圖表6-13　萬海股價走勢圖

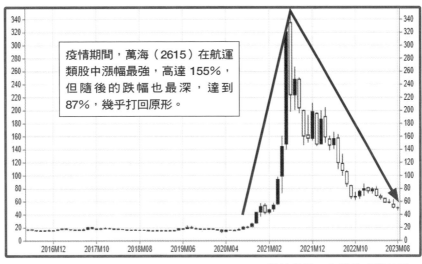

疫情期間，萬海（2615）在航運類股中漲幅最強，高達 155%，但隨後的跌幅也最深，達到 87%，幾乎打回原形。

資料來源：台灣股市資訊網。

剩 100 元及 60 元上下，萬海（2615）則是僅在 50 元上下，幾乎打回原形，不少跟風搶買航運股的人，賺的錢全數吐光還倒賠。

忘記過去的買賣價格，每次交易都是第一次

定錨效應是指人們在判斷情勢時，容易被最早取得的資訊（也就是定錨點）影響而做出決策，然後再逐步修正，當定錨點與事實有很大出入時，就會出現當局者迷的現象。例如在旅展時，旅行社一開始將團費價格定得很高，讓消費者先入為主，之後再推出各種折扣優惠，消費者便會產生降價的「錯覺」，認定團費變得比印象中更便宜，而願意掏錢購買，剛開始的高價，就

是錨點。

不少投資人以自己第一次的買進價格（錨點）作為下次買賣的參考依據，期望能夠買得比上次低，賣得比上次高。但是市場並不知道每個人上一次的買賣價格是多少，股價上揚或走低，都是根據當時標的的價值而漲跌，因此每一次的投資決策都應該單獨依市場狀況而定，而不是與過去的買賣價格比較。

以高股息 ETF 為例，買進條件是「現金殖利率＞5%」，現金殖利率是由「現金股利÷價格」得來的，可見它由現金股利和價格兩個變數影響。假設現金股利 1.1 元，買進價格低於 22 元時，現金殖利率會高於 5%（現金股利 1.1 元÷股價 22 元＝5%）；當現金股利上調至 1.2 元時，買進價格只要低於 24 元，現金殖利率就能高於 5%（現金股利 1.2 元÷股價 24 元＝5%）。投資人如果第一次買進價格為 21 元，因為定錨效應，就會期望能夠買得比上次低，等到股價低於 21 元再買進，但事實上這檔高股息 ETF 的價值已經提升，只要低於 24 元即可買進，硬要等待股價更低，很可能錯失更多獲利的機會。

失敗案例沒人報，但比成功故事更值得關注

倖存者偏差是指，過度關注「倖存者」的人、事、物，忽略了那些沒能存活下來的人，或沒有觀察到的細節，最後做出錯誤的結論。

新聞媒體大多只報導投資成功的故事，那是因為失敗者已經

從股市畢業，當然無法現身說明投資失敗的原因，探討如何避免再次發生，但不代表投資失敗不存在。如果偶爾有失敗者現身說法，反而要多聽聽他們的經驗談，了解不同的聲音，進而發現自己的盲點。

另外，「愛比較」也是影響投資決策的來源之一，我們常聽到投資人分享哪檔股票賺多少、投資績效有多好，但他沒說的是其他檔股票賠多少，績效數字又是如何計算出來的？比較是人性，但建議應該和自己的投資配速員比較，因為這是整體市場運作的客觀數字，只要績效逐年成長即可，自己的投資無須和任何人比較。

寫投資週記，修練心理素質

心理素質是面對壓力、專注問題癥結及解決問題的能力。修練心理素質，可以透過記錄投資過程，或是寫投資心得週記來進行，這是自我對話的過程，確定自己清楚知道，每一次進出場的判斷都有理由根據，提供未來回顧反省。

其次是要從投資虧損個案切入，具體描述整個投資過程的心境、虧損時的低潮，然後不斷的優化投資方法。以我的投資歷程來說，剛開始的短線操作階段，每次交易小賺小賠，雖然整體資產沒有虧損，但無法累積退休金，白白浪費了時間。中年危機讓我改變投資方法，2015 年開始價值投資，2017 年加入被動投資，2020 年退休後追求均衡人生，資產配置改變為以 ETF 為

主，這就是我的投資心境和方法優化的過程。

投資抗壓性也會影響心理素質，除了回測投資標的最大跌幅之外，還要確實算出這樣的跌幅換算成資金會是多少錢，才能準確知道自己能承受多少。例如：假設投資標的的最大跌幅為 3 成，本金只有 10 萬元時，下跌 3 成等於虧損 3 萬元，多半還可以接受；但是當本金高達 1,000 萬元時，下跌 3 成就是損失 300 萬元，這個金額絕大多數的人都承受不住。

以我在 2022 年 10 月 29 日寫下的投資週記為例，當時台股大盤指數創下波段新低 12,629.48 點，從 2022 年 1 月 5 日的高點 18,619.12 點來算，已經大跌 5,989.64 點，跌幅達到負 47.43%，當時我在週記的自我對話如下：

● 投資洞察：「地緣政治風險」是近期股市投資的熱門關鍵字，由於俄烏戰爭開打，引發臺海戰役疑慮，加上中美對抗之下，美國簽署《晶片與科學法》，這些因素造成外資對台股和台積電的前景疑慮，下修本益比。臺灣股市和中國相關的股票首當其衝，股價下修。

● 投資心境：投資組合市值帳面虧損為負 19.57%，但是我並不擔心焦慮，因為已經證明過自己的風險承受能力，目前可以承受下跌 20% 的波動風險。

● 投資策略：國發會在 2022 年 10 月 27 日公布景氣燈號為黃藍燈，資產配置比例調整，執行減碼債券型 ETF，並加碼股票

型 ETF，轉守為攻。

- 投資優化：避免「地緣政治風險」的解決方案，是買進全球型的股票型 ETF 和債券型 ETF，把投資風險完全分散至全球各區域和各國家。

後記

人生的長度天注定，
人生的深度我決定

　　人的一生有不同的劃分方式，最常見的，是把成長求學階段作為第一人生，畢業後就業成家是第二人生，離開職場退休是第三人生階段。然而《今周刊》曾經製作「快樂的第二人生」封面故事，對於高齡化社會提出第二人生的概念，指出退休後的人生，是讓人可以重新再活一遍的機會。之後還陸續做了「高年級夢想家」專題，報導許多退休人士積極實現自我，造福社會，做自己又能助人；以及「退休練習曲」專題，提到要把一件事培養成真正的興趣，需要一萬小時的練習，是最好的退休生活安排。這樣的人生劃分方式，顯得更有意境，所以我的第二本書便採用「第二人生」的觀點來書寫。

　　喜歡追劇的讀者，我很推薦大家去看 2023 年的日劇《重啟人生》，劇情講述女主角意外死亡後，被告知下輩子無法投胎成為人類，會變為大食蟻獸，她無法接受，於是決定重新活一次自己的人生，藉由努力累積陰德，爭取投胎成為人類的機會。

　　劇中設定人生重來時，可以保留上一輪的記憶，女主角每一

次重啟人生後，都盡力修正前一次未能圓滿的遺憾，終於在第五輪達成自己想要的人生。人生總會有遺憾，不管在哪個階段，都有計畫趕不上變化的時候，想做的事情總有各種原因而被迫打消念頭，只能等到第二人生來完成。

雖然人生的長度天注定，但人生的深度我可以決定。開啟第二人生之後，我有兩大目標，第一是環遊世界旅行，第二是做對社會有貢獻的事，因此退休後就去考了英語導遊及領隊的執照，藉由帶團旅行深入世界各地特色景點，一方面體驗生活，同時也盡力做好國民外交。另外我也參加了艋舺龍山寺的文史導覽志工，和台灣休閒農業發展協會的農遊大使，成立「行旅行家」團隊，以大稻埕為起點提供深度體驗，為文史及農業盡一份心力。

帶外國人遊臺灣，收到好評超感動

我在 2021 年就已考取英語導遊執照，但旅遊產業隨後便因疫情爆發而按下暫停鍵，直到 2023 年中陸續解禁後，我才正式開始「阿福導遊」的身分，至今已經接待過在基隆港靠岸的荷美郵輪（Holland America Lines）、公主遊輪（Princess Cruises）、皇家加勒比遊輪（Royal Caribbean）等，有來自美國、加拿大、德國的旅客在臺北一日遊；新加坡會計師事務所近百人的來臺獎勵旅遊團；外國觀光散客遊玩九份及平溪等。

疫情期間沒有外國人來臺旅遊的日子裡，我和一群志同道合的導遊職前訓練班同學，利用這段空檔繼續參加導遊協會舉辦的

在職訓練課程。我幾乎報名參加了 2022 年度的所有課程，包括故宮國寶導讀、外國人來臺熱門景點全英文示範導覽、鐵道觀光研習、帶團特殊狀況處置案例與建議等，協會邀請的老師每位都學有專精，帶團經驗豐富，讓我的導遊專業更加扎實。

　　在所有帶團過程中，印象最深刻的要屬 2023 年 3 月 7 日抵達基隆的荷美郵輪，這是疫情爆發兩年多來，首次停靠基隆港的郵輪。其中有一對來自美國加州的夫婦，年紀約八十多歲，走路很慢，但不管走到哪個景點，兩人都彼此攙扶，感情非常好，很讓人感動。

　　旅遊期間，我帶領大家暢遊包括大稻埕、龍山寺、中正紀念堂和台北 101，行程結束後，有旅客在 Tripadvisor 的評論區寫道：「We had a delightful guide who cheerfully listened to our wants and showed us exactly what interested us. Taipei is a fun city to visit. We loved the historical district and magnificent temple.（我們有一位非常棒的導遊，很樂意傾聽我們的需求，並且準確的介紹了我們感興趣的事物。臺北是一個值得遊覽的有趣城市，我們很喜歡這裡的歷史街區和宏偉的寺廟。）」收到這則評論我開心了很久，因為它不僅是對我導遊身分的肯定，也讓我確定自己做了一次良好的國民外交，符合我對自己第二人生的期望。

史蹟導覽、農遊大使，
為推廣臺灣文化盡一份心

奉祀觀世音菩薩及文昌帝君的艋舺龍山寺，是臺北香火鼎盛的信仰中心，也是外國觀光客來臺必去的景點，得知寺方有導覽志工的職務，我就立刻報名他們在板橋文化廣場「古蹟導覽面面觀」課程，並且順利通過史蹟導覽口筆試，成為史蹟導覽志工。

龍山寺一週有兩次固定的導覽行程，週二下午 13：30 至 15：00 及週六上午 9：30 至 11：00，另外也可以指定時間預約導覽。有次定時導覽安排在農曆的 6 月 19 日，恭逢觀世音菩薩三大節日之一的「成道日」，那天參加導覽的信眾共有 17 位，其中 6 位早上 6 點就從臺中出發，非常虔誠，看著大家專注聆聽我的導覽，很開心又一次圓滿完成任務。

臺灣另一項重要的文化發展是農業，從傳統農業到健康、卓越、樂活為三大主軸的精緻農業，再進入以體驗活動為基礎的休閒農業，臺灣休閒農業發展協會是重要推手之一，他們設計的農遊大使認證制度，便是培養導遊及青年農民成為臺灣休閒農業旅遊達人，推動休閒農業國際化。參加資格限定旅行社開業人員，或行程規畫人員、導遊人員、青年農民，訓練包括參加核心課程和農事體驗活動，通過檢核的學員即授予農遊大使認證。

成為農遊大使後，我的帶團經歷增加了各地特色農業場域，給予遊客不同於都會觀光的體驗感受。帶領新加坡會計師事務所旅遊團的那一回，行程之一就是到宜蘭縣三星鄉的星寶蔥體

驗農場，我們把拔蔥、洗蔥、做蔥派的體驗，融入他們的「團隊建立活動（Team Building）」中，這是透過合作或遊戲，增加團隊凝聚力及向心力的訓練。看到所有團員必須一起做派、一起吃，過程中充滿笑聲，我知道這是一次成功的休閒農業旅遊。

下一個人生目標：臺灣旅遊也進化

我在參加導遊人員職前訓練課程時，與 6 位同學特別投契，因為大家有共同的理想抱負，想要以深度探訪的方式，細細品味每個地方的大小故事，賦予旅遊全新面貌。因此我們一同發起了「行旅行家」這個團隊，希望帶領遊客從看見不一樣的大稻埕出發，感受獨特的臺灣。

行旅行家這個名稱中的第一個「行」，有 3 個含意：第一個是「走」，臺語發音是 kiânn，代表我們陪伴大家「行」東西南北、看古今歷史；第二個是「行業」，臺語發音是 hâng-giap，代表我們在導遊這個行業裡，以專業自我期許；第三個是「很行」的意思，臺語讀做 gâu，因為團隊成員都來自臺灣，帶領大家遊覽、認識臺灣，當然最厲害。

我們選擇以大稻埕為起點，因為團隊的核心人物——導遊李永寧，另一個身分是大稻埕最具代表性建築、屈臣氏大藥房的第四代傳人，由熟悉當地的導遊帶領，深度探訪大稻埕的歷史風華，未來行旅行家會以同樣深度體驗的方式，將旅遊服務範圍拓

展至臺灣更多的知名景點。

在 2023 年完成領隊職前訓練後，我的下一步是將帶國人出國旅遊，並且藉此機會逐步實現我自己環遊世界的夢想，同時也成立了「跟著阿福旅行趣」Instagram 粉絲專頁，來記錄這段環遊世界旅程。

從退休到現在，我花在關注股市變化的時間越來越少，帶團旅遊、在社區大學教課，已經成為我的主要生活，而我也非常樂在其中。ETF 被動投資的特性，讓我可以在退休後活出自己喜歡的樣子，相信你也能夠辦到，現在就開始，你還有機會選擇自己的第二人生。

「行旅行家」臉書粉絲專頁 QR Code

「跟著阿福旅行趣」Instagram 粉絲專頁 QR Code

讀者獨享｜好禮放送

作者除了 ETF 表現亮眼，「個股投資」更是發跡的看家本領，亦於「理周教育學苑」收錄完整 3 小時影音課程，由作者親自解說帶領，從選股→進場→出場，每一步驟手把手教學，還有「股市包租公的策略」，藉由影音的教學，更能快速掌握精髓。

影音課程抵用券

$500

配速持股(個股篇)

▶ 課程時數：3 小時
▶ 觀看期限為購買後 90 天內無限次播放！
▶ 提供彩色版電子講義！

兌換方式　　掃描 QR Code ▶ 加入購物車
　　　　　　▶ 結帳 ▶ 輸入折價券代碼【2023500】

Biz 437

我的 FIRE 人生，用 ETF 月領 10 萬
5 檔核心加 6 檔衛星 ETF，最強月月配息且賺差價祕訣大公開

作　　者／阿福の投資馬拉松
責任編輯／宋方儀
校對編輯／蕭麗娟
美術編輯／林彥君
副總編輯／顏惠君
總 編 輯／吳依瑋
發 行 人／徐仲秋
會計助理／李秀娟
會　　計／許鳳雪
版權主任／劉宗德
版權經理／郝麗珍
行銷企劃／徐千晴
行銷業務／李秀蕙
業務專員／馬絮盈、留婉茹、邱宜婷
業務經理／林裕安
總 經 理／陳絜吾

國家圖書館出版品預行編目（CIP）資料

我的 FIRE 人生，用 ETF 月領 10 萬：5 檔核心加 6 檔衛星 ETF，最強月月配息且賺差價祕訣大公開／阿福の投資馬拉松著. -- 初版. -- 臺北市：大是文化有限公司，2023.10
256 面；17×23 公分
ISBN 978-626-7328-79-8（平裝）

1. CST：基金　2. CST：投資　3. CST：理財

563.5　　　　　　　　　　112013012

出 版 者／大是文化有限公司
　　　　　臺北市 100 衡陽路 7 號 8 樓
　　　　　編輯部電話：（02）23757911
　　　　　購書相關資訊請洽：（02）23757911 分機 122
　　　　　24 小時讀者服務傳真：（02）23756999
　　　　　讀者服務 E-mail：dscsms28@gmail.com
　　　　　郵政劃撥帳號：19983366　戶名：大是文化有限公司

法律顧問／永然聯合法律事務所
香港發行／豐達出版發行有限公司　Rich Publishing & Distribution Ltd
　　　　　地址：香港柴灣永泰道 70 號柴灣工業城第 2 期 1805 室
　　　　　　　　Unit 1805, Ph. 2, Chai Wan Ind City, 70 Wing Tai Rd, Chai Wan, Hong Kong
　　　　　電話：21726513　傳真：21724355
　　　　　E-mail：cary@subseasy.com.hk

封面設計／林雯瑛
內頁排版／顏麟驊
印　　刷／鴻霖印刷傳媒股份有限公司

出版日期／2023 年 10 月初版
定　　價／新臺幣 460 元（缺頁或裝訂錯誤的書，請寄回更換）
I S B N／978-626-7328-79-8
電子書ISBN／9786267328743（PDF）
　　　　　　9786267328750（EPUB）